POSTRES CETO

COMPILACIÓN

Fáciles

Dos Años de Postres, Bocadillos y Bombas de Grasa Bajos en Carbohidratos

Elizabeth Jane

Introducción

Dos años atrás, un lector me solicitó 'un año de bombas de grasa'. "Bueno, normalmente preparo mis comidas para que me rindan como máximo cuatro porciones o días. Tengo planeado comer una bomba de grasa todos los días.

Eso son 365 días divididos entre una receta que rinde por lo menos para una semana, ¿entonces estamos hablando de 52 recetas? Eso sería ideal. ¿Habrá 52 recetas de bombas de grasa en alguna parte?

En mi mente, la perfección sería un libro con recetas para cada estación del año, en el cual las recetas estarían divididas entre las cuatro estaciones. Esto permitiría que también hubiera recetas no solo dulces, sino saladas, que utilizarían los productos que se tengan disponibles y mucha grasa. ¿Qué te parece esta idea alocada?"

Y así fue como hice mi libro de cocina 'Un Año de Bombas de Grasa', 52 recetas dulces y saladas con temática estacional con ingredientes disponibles para cada época del año. El libro se convirtió en un gran éxito. Recientemente me propuse crear 'el segundo libro de esta serie, 'Un Año de Postres Cetogénicos Fáciles'. Una vez más, fue un gran éxito.

Otro lector me solicitó una recopilación de ambos libros, dándoles 105 postres fáciles y bombas de grasa en un solo libro, por lo que lanzamos 'Dos Años de Postre Cetogénicos y Bombas de Grasa'.

Espero que este libro de postres se convierta en un elemento básico en tu cocina y que te brinde un poco de alegría al permitirte crear y disfrutar algunas delicias sin culpa.

Me encantaría recibir tus comentarios. Además, si tienes alguna pregunta sobre alguna de las recetas, no dudes en enviarme un correo electrónico a:

Elizabeth@ketojane.com

También Te Podría Gustar

SOPA CETOGÉNICA CASERA

http://ketojane.com/soup

La respuesta a tu dilema a la hora de cenar de manera cetogénica. Sopas y guisados fáciles, compatibles con la dieta cetogénica y bajos en carbohidratos para satisfacer a tu alma, ¡todo con *menos de 5 g de carbohidratos netos!*

LIBRO DE COCINA PANADEROS CETOGÉNICOS

http://ketojane.com/bread

El libro de cocina Panaderos Cetogénicos contiene todo el pan al que pensaste que tenías que renunciar.

¡Todos aman el pan! Además, si llevas una dieta especial y extrañas el pan, ¡este libro es para ti! Paleolítico, bajo en carbohidratos, sin gluten, cetogénico, sin trigo, pero manteniendo el mismo gran sabor.

Comidas Cetogénicas Sencillas Gratis

Te garantizo que te encantarán todas las recetas de mi libro de cocina Pasta y Fideos Cetogénicos, pero hay ocasiones en las que quieres preparar algo en 2-3 minutos.

¡Estas salsas cetogénicas gratuitas se pueden preparar en minutos y las puedes poner en casi cualquier platillo cetogénico para que las transformes de 'ordinarias' a deliciosas! Si tienes mucha prisa, sofríelas con algunos fideos comerciales y tendrás una deliciosa comida cetogénica inmediata.

Van desde aliños hasta marinadas y mantequillas, encontrarás recetas sencillas y deliciosas para complementar lo que estás haciendo.

Visita **http://www.ketojane.com/sauces** para descargar tu copia gratuita.

http://www.ketojane.com/sauce

¡PRÓXIMAMENTE!

CONTENIDO

Introducción 3

También Te Podría Gustar 4

Comidas Cetogénicas Sencillas Gratis 5

Cómo Funciona Este Libro 11

Tu Guía para Preparar Deliciosos Postres Cetogénicos 12

Una Nota Sobre los Edulcorantes Ingredientes Especiales 14

15

OTOÑO

GALLETAS

Galletas de Mantequilla de Maní con Huella Digital (SG, SL) 16

Las Mejores Galletas de Chispas de Chocolate Cetogénicas con Especias de Otoño (SG) 17

Galletas de Nuez Moscada y Canela con Glaseado de Vainilla Sin Carbohidratos (SG) 18

BOCADILLOS DE DULCE DE LECHE/SALADOS

Bombas de Grasa de Pastel de Queso con Calabaza (SG) 19

Bocadillos Salados con Sal de Mar y Caramelo de Dulce de Leche (SG, SL, V) 20

Dulce de Leche de Mantequilla de Maní (SG, SL, V) 21

Trufas de Chocolate (SG) 22

DONAS/SCONES

Donas de Canela y Clavo (SG) 23

Scones de Maple y Canela (SG) 24

BEBIDAS DE POSTRE

Chocolate Caliente con Especias (SG, SL, V) 25

DELICIAS FRÍAS

Mousse de Cacao con Especias y Calabaza (SL, SG, V, P) 26

Batido de Crema de Coco y Tarta de Calabaza (SL, SG, V, P) 27

Crema Batida de Maple y Nuez (SG) 28

BOMBAS DE GRASA

Delicias de Almendra 29

Conos Salados de Caramelo 30

Mini Rollos de Canela 31

Bocadillos de Chai 32

Barras de Maple y Nuez Pecana 33

Bombas de Grasa de Tarta de Calabaza 34

Explosiones de Mantequilla de Maní con Chocolate 35

Bombas de Tocino Cubiertas de Cacao 36

Turrones de Nueces 37

Queso Fresco Frito 38

Dulce de Manzana 39

Nubes de Queso Crema 40

Bombas de Grasa de Calabaza Picante 41

42

INVIERNO

GALLETAS

Galletas de Chispas de Chocolate con Mega Trozos de Chocolate (SG) 43

Mini Galletas Masticables de Brownie (SG) 44

Galletas de Pan de Jengibre Cetogénicas (SG) 45

Galletas de Azúcar Especiada con Copos de Nieve de Navidad (SG) 46

BOCADILLOS SALADOS Y CHOCOLATE

Los Mejores Bocadillos Salados de Tarta de Manzana Bajos en Carbohidratos (SG, SL, V, P) 47

Bombas de Grasa de Frambuesa con Chocolate para el Día de San Valentín (SG) 48

Corteza de Chocolate Oscuro y Menta (SL, SG, V, P) 49

BROWNIES, TARTAS Y PAN

Rubias (SG, SL, V, P) 50

Brownies de Ponche de Huevo (SG, SL, P) 51

Bocadillos Sabrosos de Tarta de Nuez Pecana Inspirados en Navidad (SL, SG, P) 52

Pastel de Pan de Café con Glaseado de Vainilla Sin Carbohidratos (SG) 53

Magdalenas de Chocolate con Especias Navideñas con Glaseado de Crema de Mantequilla (SG) 54

Pan de Navidad de Chocolate y Menta (SG) 56

DELICIAS FRÍAS

Parfait de Nuez Con Streusel de Canela (SG) 57

BOMBAS DE GRASA

Bombas de Tocino para el Desayuno 58

Dulce de Leche Cremoso de Coco 59

Turrones de Nuez Moscada 60

Brownies de Cacao 61

Bolitas de Naranja 62

Mini Felicidad de Menta 63

Magdalena de Queso Cheddar 64

Bombas Rellenas de Semillas 65

Bombas con Nuez y Jengibre 66

Vasos con Natilla 67

Trufas con Nueces y Chocolate Blanco 68

Bombas de Grasa Esponjosas 69

Bolas de Tocino con Centro de Queso 70

71

PRIMAVERA

BOCADILLOS SALADOS Y CHOCOLATES

Vasos Saltamontes de Chocolate (SG, SL, P)   72

Bombas de Grasa de Samoas (SG)   73

Bombas de Grasa de Pastel de Zanahoria para el Día de Pascua (SG, V, P)   74

Vasos de Mantequilla de Almendras (SG, SL, P)   75

Bocadillos Sabrosos de Limón y Coco (SG)   76

BROWNIES Y PASTEL

Brownies para el Día de San Patricio (SG)   77

Pastel De Cumpleaños Con Chispas de Colores Divertidos (SG)   78

DELICIAS FRÍAS

Batido de Mantequilla de Almendras con Vainilla y Sal de Mar (SG, SL, P)   79

Sundae de Helado de Frambuesa (SG, SL, P)   80

Yogur De Fresa y Menta (SG)   81

Pudin de Pastel de Crema de Coco Inspirado en la Pascua (SG)   82

Pudin de Tarta de Limón (SG)   83

Batido con Masa de Brownie y Pistache (SG)   84

BOMBAS DE GRASA

Valentinas Rojas   85

Bombas de Chocolate y Coco   86

Explosión de Mantequilla de Maní   87

Cráteres de Queso Crema   88

Bocadillos Salados de Salmón   89

Dulce de Leche de Chocolate y Coco   90

Vasos de Matcha y Chocolate Oscuro   91

Tarta De Limón   92

Delicioso Dulce de Leche de San Patricio   93

Bocaditos de Hinojo y Almendras   94

Bombas de Chocolate Blanco   95

Bolas Cremosas de Aguacate y Tocino   96

Macarrones   97

CONTENIDO   9

98

VERANO

BOMBAS DE GRASA Y MOUSSE

Bombas de Grasa Congeladas de Masa de Galletas (SG, SL, P)   99

Bombas de Grasa con Trozos Grandes de Brownie (SG, SL, P)   100

Mousse de Fresa (SG)   101

DELICIAS FRÍAS

Batido de Mantequilla de Maní con Chocolate Súper Cremoso (SL, SG)   102

Helado Decadente de Zarzamora (Sin Batir) (SG)   103

Helado de Frambuesas y Crema (Sin Batir) (SG)   104

"Yogur" Congelado Vegano de Mora Azul (SG, SL, P)   105

Paletas de "Yogur" Congelado de Fresas y Crema (SG)   106

Paletas de Crema de Naranja (SG)   107

Batido Sabroso de Moca (SG)   108

Paletas de Chispas de Chocolate y Coco (SG, SL, P)   109

Pudin de Chocolate, Menta y Almendra (SG, SL, P)   110

Parfait de Crema Batida de Fresa Casera (SG)   111

BOMBAS DE GRASA

Bombas Picantes de Coco   112

Bombas de Grasa de Mascarpone y Moca   113

Trufas Tropicales   114

Bolitas con Sabor a Pizza de Pepperoni   115

Cebollín y Queso   116

Bombas de Grasa con Gelatina   117

Bolas de Nuez con Queso y Frutos Rojos   118

Mini Tartas de Queso con Fresas   119

Bombas de Grasa de Helado   120

Bombas de Mora Azul   121

Bombas Picantes de Limón   122

Diminutas Explosiones Picantes   123

Bombas de Grasa de Queso con Ajo   124

CÓMO FUNCIONA
Este Libro

Este libro de cocina contiene consejos útiles de horneado para ayudarte a obtener los mejores resultados posibles. También te ofrezco sugerencias para darte una idea de con qué combina bien cada una de estas recetas.

También observarás que hay cinco símbolos en la parte superior derecha de cada receta. A continuación, te detallo la clave para dichos símbolos:

 **TIEMPO DE PREPARACIÓN:**

Tiempo requerido para preparar la receta. Este no incluye el tiempo de cocción.

 **TIEMPO DE COCCIÓN:**

Tiempo requerido para cocinar la receta. Este no incluye el tiempo de preparación.

 **PORCIONES:**

Es la cantidad de porciones que se obtienen con cada receta. Estas se pueden ajustar. Por ejemplo, al duplicar la cantidad de todos los ingredientes, puedes hacer el doble de porciones.

TU GUÍA PARA PREPARAR DELICIOSOS
Postres Cetogénicos

Con el fin de ayudarte a comenzar, preparé una guía rápida sobre cómo puedes sacar el máximo provecho del horneado y cómo puedes hacer que el batido de los postres cetogénicos sea divertido y delicioso.

A continuación, te doy algunos consejos para ayudarte a preparar el postre cetogénico más delicioso ¡que hayas probado hasta ahora!

#1

ENFÓCATE EN LA CALIDAD: Aquí lo que realmente importa es la calidad. Me aseguré de mantener estas recetas lo suficientemente simples como para que puedas saborear ese extracto de vainilla o los toques del coco rallado. Lo deseable es que puedas saborear estos sabores, así que concéntrate en obtener un extracto puro de vainilla de alta calidad y especias para hornear de alta calidad para resaltar realmente los sabores.

#2 CONSIGUE ESTEVIA CON SABOR NATURAL: Notarás que uso estevia en muchas de estas recetas por un par de razones. Por un lado, mantiene baja la cantidad de carbohidratos, y por el otro, puedes tener algunas opciones de estevia con sabor (mi favorita es la crema de vainilla) que le da un toque agradable a las recetas que requieren horneado. Solo asegúrate de comprar los edulcorantes con sabor natural en lugar de los que tienen sabor artificial.

#3 ENFÓCATE EN LA GRASA: Nosotros, los que seguimos la dieta cetogénica, estamos acostumbrados a agregar mucha grasa a nuestra dieta, y cuando se trata de estas recetas de postres, utilizo mucho aceite de coco y mantequilla, ¡así que asegúrate de abastecerte de estos! Los usarás generosamente en muchas de las recetas.

#4 VUÉLVELAS PALEO: ¿Quieres que tus recetas sean compatibles con la dieta paleolítica? Haz la prueba de cambiar los lácteos usando leche de coco en lugar de leche y aceite de coco en lugar de mantequilla.

#5 DIVIÉRTETE: No a todo el mundo le encanta hornear, así que me propuse que estas recetas fueran sencillas y no requirieran mucho tiempo para que pudiéramos devolverles la diversión al horneado de recetas compatibles con la dieta cetogénica. ¡Diviértete cuando lo hagas! Después de todo, el resultado final será un postre delicioso que podrás disfrutar sin culpa.

UNA NOTA SOBRE LOS EDULCORANTES & LOS Ingredientes Especiales

Con el fin de darle variedad a estas recetas de postres, encontrarás diferentes edulcorantes bajos en carbohidratos. Sin embargo, siéntete con la libertad de cambiar uno por el otro. Por ejemplo, si prefieres la estevia sobre el eritritol, ¡usa estevia! Si no puedes encontrar la fruta del monje, haz la prueba de usar Swerve en su lugar. Siéntete libre de usar tu creatividad y utiliza cualquier edulcorante bajo en carbohidratos que prefieras en cada receta.

Lo mismo ocurre con ciertos ingredientes especiales como el polvo para hornear sin aluminio. Con el propósito de hacer que muchas de estas recetas sean amigables con la dieta paleolítica, además de estar aprobadas para la dieta cetogénica, encontrarás que una receta requiere polvo para hornear sin aluminio y sin gluten. Siéntete libre de usar polvo de hornear regular si no puedes encontrar la versión sin aluminio y sin gluten.

Muchas recetas también requieren estevia líquida de vainilla, ¡sin embargo, puedes usar estevia líquida regular o un sabor de tu elección!

También encontrarás algunas recetas que requieren ghee (mantequilla clarificada). Si no puedes encontrar ghee, puedes usar mantequilla en su lugar.

Estas recetas están diseñadas para ser deliciosas y devolverle la diversión a los postres cetogénicos que requieren horneado, ¡así que siéntete con la libertad de ajustar los ingredientes a tu gusto y preferencia!

OTOÑO

Galletas

GALLETAS DE MANTEQUILLA DE MANÍ CON *Huella Digital*

Nivel de Dificultad: 2

20 minutos (más el tiempo de enfriamiento)

8-10 minutos

16 porciones (1 galleta por porción) $$

SG SL

INGREDIENTES:

- 2 tazas de mantequilla de maní sin azúcar (usa mantequilla de almendras para hacer la versión paleo)
- 2 huevos
- 2 cucharaditas de estevia líquida
- 1 cucharadita de extracto puro de vainilla
- 1 cucharadita de polvo para hornear sin gluten y sin aluminio

Relleno:

- ½ taza de aceite de coco
- ½ taza de chispas de chocolate oscuro sin azúcar

Información Nutricional:

Carbohidratos: 8 g   Grasa: 27 g
Fibra: 3 g   Proteína: 8 g
Carbohidratos Netos: 5 g   Calorías: 298

INSTRUCCIONES:

1. Precalienta el horno a 180°C y forra una bandeja para hornear con papel pergamino.
2. Agrega la mantequilla de maní y los huevos a un tazón y revuelve.
3. Añade el resto de los ingredientes y mezcla bien.
4. Forma círculos de 2.5 cm y acomódalas en una bandeja para hornear forrada de papel pergamino.
5. Con el pulgar, presiona el centro de cada galleta.
6. Hornea durante 8-10 minutos o hasta que las orillas comiencen a dorarse.
7. Mientras las galletas se están horneando, agrega el aceite de coco y las chispas de chocolate oscuro a una olla a fuego bajo-medio y revuelve hasta que se derrita.
8. Una vez que las galletas estén listas, coloca aproximadamente 1 cucharadita de la mezcla de chocolate en el centro de cada galleta.
9. Permite que el centro de chocolate se endurezca y disfrútalas.

Instrucciones para la Preparación:

También puedes usar mermelada sin azúcar en el centro de estas galletas si no te encanta el chocolate. Agrega la mermelada antes de que las galletas entren al horno.

Sugerencias para Servir:

Sirve con un vaso de leche de almendras sin azúcar.

LAS MEJORES GALLETAS DE *Chispas de Chocolate* CETOGÉNICAS CON ESPECIAS DE OTOÑO

Nivel de Dificultad: 2 | 10 minutos (más el tiempo de enfriamiento) | 14-16 minutos | 12 porciones (1 galleta por porción) $$

INGREDIENTES:

- 2 tazas de harina de almendras finamente molida
- 2 huevos
- ½ taza de mantequilla derretida (usa aceite de coco para hacer la versión paleo)
- ½ taza de granos de cacao
- 3 cucharadas de edulcorante de fruta del monje
- 1 cucharadita de polvo para hornear sin gluten y sin aluminio
- 1 cucharadita de especias para tarta de calabaza
- ½ cucharadita de canela molida
- 1 cucharadita de extracto puro de vainilla
- ½ cucharadita de sal de mar

INSTRUCCIONES:

1. Precalienta el horno a 180°C y forra una bandeja para hornear con papel pergamino.
2. Agrega la mantequilla derretida, la vainilla y los huevos a un tazón y mezcla.
3. Agrega todos los ingredientes secos a un tazón para mezclar menos los granos de cacao y mezcla bien.
4. Agrega la mezcla húmeda a los ingredientes secos, bate hasta que no queden grumos.
5. Agrega de forma envolvente los granos de cacao.
6. Con una cuchara pon porciones redondas de la masa, haciendo 12 galletas grandes, en una bandeja para hornear forrada con papel pergamino y hornea durante 14-16 minutos o hasta que las orillas estén doradas.
7. Enfría y ¡disfruta!

Instrucciones para la Preparación:

También puedes usar chispas de chocolate oscuro sin azúcar si no puedes encontrar granos de cacao.

Sugerencias para Servir:

Sirve con un vaso de leche de almendras sin azúcar.

Información Nutricional:

Carbohidratos: 6 g
Fibra: 2 g
Carbohidratos Netos: 4 g
Grasa: 14 g
Proteína: 3 g
Calorías: 158

GALLETAS DE *Nuez Moscada y Canela*

CON GLASEADO DE VAINILLA SIN CARBOHIDRATOS

Nivel de Dificultad: 1 | 10 minutos | 14-16 minutos | 14 porciones (1 galleta por porción) $$

SG

INGREDIENTES:

- 2 ½ tazas de harina de almendras finamente molida
- 2 huevos
- ½ taza de mantequilla derretida (usa aceite de coco para hacer la versión paleo)
- 3 cucharadas de edulcorante de fruta del monje (usa jarabe de maple para hacer la versión paleo)
- 1 cucharadita de polvo para hornear sin gluten y sin aluminio
- 1 cucharadita de nuez moscada molida
- 1 cucharadita de canela molida
- 1 cucharadita de extracto puro de vainilla
- ½ cucharadita de sal de mar

Glaseado:

- 1 taza de crema espesa para batir (usa crema de coco sin azúcar para hacer la versión paleo)
- ¼ de taza de Swerve (usa jarabe de maple puro para hacer la versión paleo)
- 2 cucharaditas de extracto puro de vainilla

Información Nutricional:

Carbohidratos: 6 g **Grasa:** 13 g
Fibra: 1 g **Proteína:** 2 g
Carbohidratos Netos: 5 g **Calorías:** 130

INSTRUCCIONES:

1. Precalienta el horno a 180°C y forra una bandeja para hornear con papel pergamino.
2. Agrega la mantequilla derretida, la vainilla y los huevos a un tazón y bate.
3. Agrega todos los ingredientes secos, excepto los granos de cacao, a un tazón y mezcla bien.
4. Agrega la mezcla húmeda a los ingredientes secos, bate hasta que no queden grumos.
5. Con una cuchara pon porciones redondas de la masa, haciendo 14 galletas, en una bandeja para hornear forrada con papel pergamino y hornea durante 14-16 minutos o hasta que las orillas estén doradas.
6. Mientras las galletas se están horneando, prepara el glaseado de vainilla agregando todos los ingredientes a una licuadora de alta velocidad, o agrégalos a un tazón para mezclar y, con una batidora de mano, bate hasta que se formen picos suaves.
7. Deja que las galletas se enfríen y luego cúbrelas con una cucharada de glaseado de vainilla.

Instrucciones para la Preparación:

Puedes agregar una cucharada de cacao crudo sin azúcar para que estas galletas sean aún más deliciosas.

Sugerencias para Servir:

Sirve con un vaso de leche de almendras sin azúcar.

Bocadillos de Dulce de Leche/Salados

Bombas de Grasa
DE PASTEL DE QUESO CON CALABAZA

INGREDIENTES:

- 1 taza de queso crema batido
- 2 cucharadas de mantequilla clarificada (ghee)
- ¼ de taza de puré de calabaza puro
- 1 cucharadita de especias para tarta de calabaza
- 1 cucharadita de extracto puro de vainilla
- 10 gotas de estevia líquida sabor vainilla

Nivel de Dificultad: 1 | 15 minutos (más el tiempo de enfriamiento) | 0 minutos | 8 porciones (1 bomba de grasa por porción) $$

SG

INSTRUCCIONES:

1. Agrega el queso crema batido, el ghee y el puré de calabaza a un procesador de alimentos o a una licuadora y procesa hasta que la mezcla esté suave y "esponjosa".
2. Agrega las especias para tarta de calabaza, el extracto de vainilla y la estevia, y vuelve a batir.
3. Vierte la mezcla en moldes de silicón para hornear. Alternativamente, forra mini moldes para panquecitos con capacillos y coloca aproximadamente 1 cucharada de la mezcla en cada molde de silicón o en cada cavidad del molde para panquecitos.
4. Congela durante aproximadamente 1 hora antes de servir, y guarda las sobras en el congelador.

Instrucciones para la Preparación:

Puedes usar mantequilla regular en lugar de ghee si lo prefieres.

Sugerencias para Servir:

Sirve con una taza de café o té caliente para disfrutar de un delicioso manjar después de la cena.

Información Nutricional:

Carbohidratos: 5 g

Fibra: 0 g

Carbohidratos Netos: 5 g

Grasa: 13 g

Proteína: 2 g

Calorías: 133

Recetas de Otoño

Bocadillos Salados
CON SAL DE MAR Y CARAMELO DE DULCE DE LECHE

Nivel de Dificultad: 1 | 15 minutos (más el tiempo de enfriamiento) | 0 minutos | 10 porciones (1 bocadillo por porción) $$

SG SL V

INGREDIENTES:
- 1 taza de aceite de coco
- 10 gotas de estevia líquida sabor vainilla
- ¼ de taza de cacao puro en polvo sin azúcar
- 1 cucharadita de extracto puro de vainilla
- 1 cucharadita de extracto de caramelo sin azúcar
- 1 pizca de sal de mar

Instrucciones para la Preparación:
También puedes usar moldes de silicón para magdalenas para hacer esta receta.

Sugerencias para Servir:
Sirve con un vaso de leche de almendras sin azúcar.

INSTRUCCIONES:
1. Forra unos mini moldes de magdalenas con capacillos; agrega el aceite de coco y la estevia a un tazón y mezcla con una batidora de mano.
2. Agrega el cacao en polvo, la vainilla, el extracto de caramelo y la sal.
3. Vierte la mezcla en los moldes forrados y congela durante unos 20 minutos o hasta que esté firme.
4. Disfrútalos y guarda las sobras bien tapadas en el congelador.

Información Nutricional:
Carbohidratos: 1 g   Grasa: 22 g
Fibra: 1 g   Proteína: 0 g
Carbohidratos Netos: 0 g   Calorías: 194

DULCE DE LECHE DE
Mantequilla de Maní

| Nivel de Dificultad: 1 | 15 minutos (más el tiempo de enfriamiento) | 0 minutos | 10 porciones (1 pieza por porción) $$ |

INGREDIENTES:

- 1 taza de aceite de coco
- 10 gotas de estevia líquida
- ½ taza de mantequilla de maní sin azúcar (usa mantequilla de almendras para hacer la versión paleo)
- 1 cucharadita de extracto puro de vainilla
- 1 pizca de sal de mar

INSTRUCCIONES:

1. Forra una bandeja para hornear con papel pergamino y agrega el aceite de coco y la estevia a un tazón y bate con una batidora de mano.
2. Agrega la mantequilla de maní, la vainilla y la sal.
3. Con ayuda de una cuchara pon la mezcla en la bandeja para hornear forrada y aplánala hasta que tenga aproximadamente 2.5 cm de espesor.
4. Congela por alrededor de 20 minutos o hasta que esté firme y corta en cuadrados pequeños.
5. Guarda las sobras bien tapadas en el congelador.

Información Nutricional:

Carbohidratos: 3 g **Grasa:** 28 g

Fibra: 1 g **Proteína:** 2 g

Carbohidratos Netos: 2 g **Calorías:** 261

Instrucciones para la Preparación:

También puedes convertirlos en mini bocados de dulce de azúcar utilizando moldes de silicón para hacer mini magdalenas.

Sugerencias para Servir:

Sírvelos con una taza de té o café.

Trufas
DE CHOCOLATE

Nivel de Dificultad: 2 | 10 minutos (más el tiempo de enfriamiento) | 5 minutos | 18 (1 trufa por porción) $$

SG

INGREDIENTES:

- 1 taza de chispas de chocolate oscuro sin azúcar
- 4 cucharadas de mantequilla
- ¾ de taza de crema espesa
- ¼ de taza de Swerve
- ½ cucharadita de extracto puro de vainilla
- ½ taza de cacao crudo sin azúcar en polvo para la cobertura

INSTRUCCIONES:

1. Agrega las chispas de chocolate y la mantequilla a una olla a fuego lento. Revuelve hasta que se derritan.
2. Agrega el Swerve y el extracto de vainilla.
3. Retira del fuego y agrega la crema espesa.
4. Refrigera la mezcla durante al menos 4 horas.
5. Una vez que esté fría, saca la mezcla de chocolate endurecido con una pequeña cuchara para galletas y colócala en una bandeja para hornear forrada de pergamino.
6. Espolvorea con el cacao en polvo y refrigera hasta que estén listas para disfrutarlas.

Instrucciones para la Preparación:

Si lo deseas puedes usar 1 cucharadita de estevia en lugar de Swerve.

Sugerencias para Servir:

Sírvelos con una taza de té o café.

Información Nutricional:

Carbohidratos: 8 g   Grasa: 12 g
Fibra: 3 g   Proteína: 2 g
Carbohidratos Netos: 5 g   Calorías: 135

Donas/Scones

Donas DE CANELA Y CLAVO

Nivel de Dificultad: 2 | 20 minutos | 0 minutos | 6 porciones (1 dona por porción) $$

SG

INGREDIENTES:

- 1 taza de harina de almendras finamente molida
- 2 huevos
- ¼ de taza de mantequilla sin sal, derretida (usa ghee derretido para hacer la versión paleo)
- ¼ de taza de crema espesa (usa leche entera de coco sin azúcar para hacer la versión paleo)
- 1 cucharadita de canela molida
- ¼ de cucharadita de clavos molidos
- 2 cucharaditas de polvo para hornear sin gluten y sin aluminio
- 1 cucharadita de extracto puro de vainilla
- 2 cucharaditas de estevia líquida
- Aceite de coco para engrasar

Cobertura de Canela y Clavo:

- ½ taza de aceite de coco fundido
- 2 cucharadas de fruta del monje, edulcorante
- 1 cucharada de canela molida
- ¼ de cucharadita de clavos molidos

Información Nutricional:

Carbohidratos: 4 g	**Grasa:** 31 g
Fibra: 2 g	**Proteína:** 3 g
Carbohidratos Netos: 2 g	**Calorías:** 299

INSTRUCCIONES:

1. Precalienta el horno a 180°C y engrasa una bandeja para donas
2. Agrega todos los ingredientes secos a un tazón grande y revuelve para hacer la mezcla de dona.
3. Bate los huevos, la mantequilla derretida, la crema espesa, la vainilla y la estevia en un tazón aparte, y luego agrega lentamente en la mezcla seca. Bate hasta que no queden grumos.
4. Vierte la mezcla en el molde para donas previamente engrasado y hornea durante 20-25 minutos.
5. Mientras las donas se están horneando, prepara la cobertura de canela y clavo batiendo la fruta del monje, la canela y el clavo molido en un tazón grande. Reserva.
6. Una vez que las donas estén listas, deja que se enfríen y luego derrite el aceite de coco en un tazón grande. Sumerge las donas en el aceite derretido, cubriendo ambos lados.
7. Inmediatamente espolvoréalas con la mezcla de canela y clavo. Si gustas, también puedes espolvorearles un poco de estevia en polvo.

Instrucciones para la Preparación:

Si no te encantan los clavos, puedes usar canela, aumentando la cantidad a 1¼ de cucharadita en la mezcla de donas y 1 ¼ de cucharada en la mezcla de la cobertura.

Sugerencias para Servir:

Sirve con una cucharada de queso crema si lo deseas.

Scones
DE MAPLE Y CANELA

INGREDIENTES:
- 1¼ de taza de harina de almendras finamente molida
- ¼ de taza de leche de coco sin azúcar
- 1 huevo
- ¼ de taza de edulcorante de fruta del monje
- 1 cucharadita de polvo para hornear sin gluten y sin aluminio
- 2 cucharadas de mantequilla derretida (usa aceite de coco para hacer la versión paleo)
- 1 cucharadita de extracto puro de vainilla
- 1 cucharadita de canela molida
- 1 cucharadita de extracto de maple sin azúcar (usa 1 cucharada de jarabe de maple puro para hacer la versión paleo)
- ½ cucharadita de sal de mar

INSTRUCCIONES:
1. Precalienta el horno a 180°C y forra una bandeja para hornear con papel pergamino.
2. Agrega los ingredientes secos a un tazón grande y mezcla bien.
3. Agrega la leche de coco, el huevo, la mantequilla derretida, el extracto de vainilla y el extracto de maple. Mezcla bien.
4. Haz una bola grande con la masa y ponla en una bandeja para hornear y aplánala hasta que tenga aproximadamente 2.5 cm de espesor.
5. Córtala en 6 trozos triangulares y hornea durante unos 20 minutos o hasta que las orillas comiencen a dorarse.
6. Enfría y ¡disfruta!

Instrucciones para la Preparación:
Si lo deseas, puedes agregar fruta fresca como frambuesas a la masa.

Sugerencias para Servir:
Sirve con queso crema batido si lo deseas.

Información Nutricional:
Carbohidratos: 3 g
Fibra: 2 g
Carbohidratos Netos: 1 g
Grasa: 10 g
Proteína: 3 g
Calorías: 105

Bebidas de Postre

Chocolate Caliente
CON ESPECIAS DE OTOÑO

INGREDIENTES:

- ½ taza de leche de coco entera sin azúcar
- 1 cucharada de cacao puro en polvo sin azúcar
- ¼ de cucharadita de canela molida
- ⅛ de cucharadita de nuez moscada molida
- ⅛ de cucharadita de clavos molidos
- 1 cucharadita de extracto puro de vainilla
- 1 gota de estevia líquida con sabor a crema de vainilla

INSTRUCCIONES:

1. Agrega todos los ingredientes a una olla a fuego bajo o medio y bate hasta que se caliente.
2. ¡Vierte en tu taza favorita y disfruta!

Instrucciones para la Preparación:

Agrega una pizca de especias para tarta de calabaza si lo deseas.

Sugerencias para Servir:

Sirve con una cucharada de crema batida sin azúcar si lo deseas.

Información Nutricional:

Carbohidratos: 10 g **Grasa:** 30 g
Fibra: 5 g **Proteína:** 4 g
Carbohidratos Netos: 5 g **Calorías:** 292

Delicias Frías

Mousse DE CACAO CON ESPECIAS Y CALABAZA

  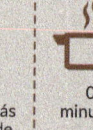 

Nivel de Dificultad: 1 | 15 minutos (más el tiempo de enfriamiento) | 0 minutos | 4 porciones (aprox. ¼ de taza por porción) $$

INGREDIENTES:

- 2 tazas de leche de coco enlatada sin azúcar entera (coloca la lata en el refrigerador durante toda la noche)
- ½ taza de puré de calabaza puro
- 2 cucharadas de cacao puro en polvo sin azúcar
- ½ cucharadita de especias para tarta de calabaza
- 10 gotas de estevia líquida sabor vainilla

INSTRUCCIONES:

1. Agrega la crema de coco a una licuadora o procesador de alimentos, y bate durante unos 2 minutos hasta que esté cremosa.
2. Agrega el resto de los ingredientes y bate hasta que se integren.
3. Sirve la mezcla con una cuchara en 4 vasos o tazones pequeños y enfría durante al menos 1 hora antes de servir.

Sugerencias para Servir:

Sirve con una pizca extra de especias para tarta de calabaza si lo deseas.

Información Nutricional:

Carbohidratos: 5 g **Grasa:** 8 g

Fibra: 2 g **Proteína:** 1 g

Carbohidratos Netos: 3 g **Calorías:** 87

BATIDO DE CREMA DE COCO Y
Tarta de Calabaza

Nivel de Dificultad: 1
10 minutos
0 minutos
2 porciones (aprox. ½ taza por porción) $$

SG SL V P

INSTRUCCIONES:

1. Agrega todos los ingredientes a una licuadora de alta velocidad y mezcla hasta que tenga una consistencia suave.
2. Disfruta de inmediato.

Instrucciones para la Preparación:

Para la leche de coco enlatada, mezcla primero el contenido de la lata con el fin de integrar la leche de coco y la crema de manera uniforme.

Sugerencias para Servir:

Si no estás evitando los lácteos, también puedes hacer esta receta con crema espesa.

INGREDIENTES:

- 1 taza de leche entera de coco sin azúcar
- ¼ de taza de puré de calabaza puro
- ¼ de cucharadita de especias para tarta de calabaza
- 1 cucharadita de extracto puro de vainilla

Información Nutricional:

Carbohidratos: 8 g   **Grasa:** 29 g
Fibra: 3 g   **Proteína:** 3 g
Carbohidratos Netos: 5 g   **Calorías:** 288

Recetas de Otoño

CREMA BATIDA DE
Maple y Nuez

Nivel de Dificultad: 2 | 20 minutos (más el tiempo de enfriamiento) | 0 minutos | 8 porciones (aprox. ¼ de taza por porción) $$

INGREDIENTES:

- 2 tazas de crema espesa para batir
- 2 cucharadas de mantequilla clarificada (ghee)
- 2 cucharaditas de extracto de maple sin azúcar
- 1 cucharadita de extracto puro de vainilla
- 1 taza de nueces picadas
- 10 gotas de estevia líquida sabor vainilla
- ½ cucharadita de goma guar

INSTRUCCIONES:

1. Pon un tazón grande en el refrigerador y déjalo enfriar por alrededor de 20 minutos.
2. Saca el recipiente frío y agrega la crema batida espesa. Bate con una licuadora de mano hasta que se formen picos rígidos.
3. Agrega el resto de los ingredientes menos las nueces y la goma guar. Bate hasta que todo se integre bien.
4. Agrega de manera envolvente y con cuidado las nueces picadas y la goma guar, luego guarda la mezcla en un recipiente hermético en el congelador durante toda la noche o durante por lo menos 8 horas antes de disfrutarlo.

Instrucciones para la Preparación:

Puedes prepararlas con anticipación, guardarlas en el refrigerador y luego batirlas otra vez antes de servirlas.

Sugerencias para Servir:

Sirve con un tazón de tu helado cetogénico favorito.

Información Nutricional:

Carbohidratos: 3 g **Grasa:** 24 g
Fibra: 1 g **Proteína:** 4 g
Carbohidratos Netos: 2 g **Calorías:** 230

Bombas de Grasa

Delicias DE ALMENDRA

Porciones : 12
Tiempo de Preparación : 10 minutos
Tiempo de Cocción : Ninguno
Tiempo de congelación : 2 horas

CONSEJO ADICIONAL

Te sugiero derretir la mantequilla a baño maría, porque si la derrites directo en el fuego la mantequilla se puede escaldar y quemar, lo que arruina el sabor. Intenta agregar algunas almendras picadas para darle más textura.

INGREDIENTES:

- 510 gramos de mantequilla de vacas alimentadas con pasto
- 55 gramos de crema espesa
- ⅔ de taza de cacao en polvo
- ½ taza de estevia granulada
- 4 cucharadas de mantequilla de almendras
- 1 cucharadita de extracto de vainilla

INSTRUCCIONES:

1. Derrite la mantequilla a baño maría.
2. Agrega el resto de los ingredientes y mezcla bien.
3. Vierte en tus moldes favoritos y congela durante 2 horas.

INFORMACIÓN NUTRICIONAL (POR PORCIÓN)

Calorías: 350   Grasas: 38 g   Proteínas: 2 g   Carbohidratos Totales: 4 g   Fibra Dietética: 2 g
Carbohidratos Netos: 0 g

CONOS SALADOS DE CARAMELO

Porciones: 12   Tiempo de preparación: 5 minutos   Tiempo de cocción: Ninguno   Tiempo de congelación: 2 horas

INGREDIENTES:

- ⅓ de taza de aceite de coco
- ⅓ de taza de mantequilla de vacas alimentadas con pasto
- 2 cucharadas de crema espesa para montar
- 2 cucharadas de crema ácida
- 1 cucharada de azúcar de caramelo
- 1 cucharadita de sal de mar
- Estevia al gusto

INSTRUCCIONES:

1. Suaviza la mantequilla y el aceite de coco.
2. Mezcla todos los ingredientes hasta formar una masa.
3. Vierte la masa en un molde con forma de cono o triángulo. Congela hasta que estén firmes.
4. ¡Espolvoréalos con un poco más de sal y disfruta!
5. Consérvalos en el refrigerador.

CONSEJO ADICIONAL

No uses sal de mesa regular. Usa una sal más gruesa como la kosher o la sal de mar, que brinda una mejor textura y sabor.

INFORMACIÓN NUTRICIONAL (POR PORCIÓN)

Calorías: 100   Grasas: 12 g   Proteínas: 0 g   Carbohidratos Totales: 1 g   Fibra Dietética: 0 g   Carbohidratos Netos: 1 g

MINI ROLLOS DE CANELA

Porciones: 12   Tiempo de preparación: 5 minutos   Tiempo de cocción: Ninguno   Tiempo de congelación: 2 horas

INGREDIENTES:

- 225 g de queso crema
- ½ taza de mantequilla de vacas alimentadas con pasto
- 4 cucharadas de aceite de coco
- 1 cucharadita de extracto de vainilla
- ¼ de cucharadita de canela molida
- ⅛ de cucharadita de nuez moscada molida
- Estevia al gusto

INSTRUCCIONES:

1. Suaviza la mantequilla y el aceite de coco. Mezcla con el queso crema.
2. Agrega el resto de los ingredientes y mezcla hasta que esté homogénea.
3. Vierte en moldes de silicón y congela hasta que estén firmes.

CONSEJO ADICIONAL

Rocíales un poco de jarabe de caramelo sin azúcar en la parte superior.

INFORMACIÓN NUTRICIONAL (POR PORCIÓN)

Calorías: 165   Grasas: 18 g   Proteínas: 1 g   Carbohidratos Totales: 1 g   Fibra Dietética: 0 g
Carbohidratos Netos: 1 g

Recetas de Otoño

BOCADILLOS DE CHAI

Porciones: 12   Tiempo de preparación: 5 minutos   Tiempo de cocción: Ninguno   Tiempo de congelación: 2 horas

INGREDIENTES:

- 1 taza de queso crema
- 1 taza de aceite de coco
- 55 gramos de mantequilla de vacas alimentadas con pasto
- 2 cucharaditas de jengibre molido
- 2 cucharaditas de cardamomo molido
- 1 cucharadita de nuez moscada molida
- 1 cucharadita de clavos molidos
- 1 cucharadita de té negro Darjeeling
- 1 cucharadita de extracto de vainilla
- Estevia al gusto

INSTRUCCIONES:

1. Derrite la mantequilla y el aceite de coco en una cacerola y agrega el té negro. Espera a que coloree la mezcla.
2. Agrega el queso crema y retira del fuego. Revuelve bien.
3. Agrega todas las especias y revuelve para hacer una masa.
4. Vierte en moldes de silicón y congela hasta que estén firmes.
5. Disfrútalas con un poco de té o por las noches en el lugar
6. del té.
7. Guárdalos en el refrigerador.

INFORMACIÓN NUTRICIONAL (POR PORCIÓN)

Calorías: 178   Grasas: 19 g   Proteínas: 1 g   Carbohidratos Totales: 1 g   Fibra Dietética: 0 g   Carbohidratos Netos: 1 g

BARRAS
DE MAPLE Y NUEZ PECANA

Porciones	: 12
Tiempo de Preparación	: 10 minutos
Tiempo de Cocción	: 25 minutos
Tiempo de congelación	: Ninguno

CONSEJO ADICIONAL

Como son horneadas, se pueden almacenar en un recipiente hermético a temperatura ambiente hasta por una semana.

INGREDIENTES:

- 2 tazas de nueces pecanas picadas
- 1 taza de harina de almendra
- ½ taza de chispas de chocolate sin azúcar
- ½ taza de harina de linaza
- ½ taza de aceite de coco (calentar ligeramente para que se vuelva líquido)
- ½ taza de jarabe de maple sin azúcar
- 20-25 gotas de estevia

INSTRUCCIONES:

1. Extiende las nueces pecanas en una bandeja para hornear y hornea a 180°C hasta que se vuelvan aromáticas (generalmente tomará de 6 a 8 minutos).
2. Mientras tanto, tamiza todos los ingredientes secos.
3. Agrega las nueces tostadas a la mezcla e intégralas bien.
4. Agrega el jarabe de maple y el aceite de coco, revuelve hasta que obtengas una mezcla espesa y pegajosa.
5. Vierte en un molde para pan forrado con papel pergamino.
6. Hornea durante unos 18 minutos a 180°C o hasta que la parte superior esté dorada.
7. ¡Rebana y disfruta!

INFORMACIÓN NUTRICIONAL (POR PORCIÓN)

Calorías: 302   Grasas: 30 g   Proteínas: 5 g   Carbohidratos Totales: 6 g   Fibra Dietética: 4 g   Carbohidratos Netos: 2 g

BOMBAS DE GRASA DE TARTA DE CALABAZA

Porciones: 12   Tiempo de preparación: 35 minutos   Tiempo de cocción: 35 minutos   Tiempo de congelación: 3 horas

INGREDIENTES:

- ⅓ de taza de puré de calabaza
- ⅓ de taza de mantequilla de almendras
- ¼ de taza de aceite de almendras
- 85 gramos de chocolate oscuro sin azúcar
- 2 cucharadas de aceite de coco
- 1 ½ cucharadita de mezcla de especias para tarta de calabaza
- Estevia al gusto

INSTRUCCIONES:

1. Derrite el chocolate oscuro y el aceite de almendras a baño maría.
2. Pon una capa de esta mezcla en el fondo de 12 moldes para panquecitos y congela hasta que la corteza se haya endurecido.
3. Mientras tanto, integra el resto de los ingredientes en una cacerola y calienta a fuego lento.
4. Calienta hasta que se suavice y mezcla bien.
5. Vierte esto sobre la mezcla inicial de chocolate y pon a enfriar durante al menos 1 hora.

CONSEJO ADICIONAL
Usa puré de calabaza sin ningún ingrediente adicional.

INFORMACIÓN NUTRICIONAL (POR PORCIÓN)

Calorías: 124   Grasas: 13 g   Proteínas: 3 g   Carbohidratos Totales: 3 g   Fibra Dietética: 1 g   Carbohidratos Netos: 2 g

EXPLOSIONES DE CHOCOLATE CON MANTEQUILLA DE MANÍ

Porciones : 12
Tiempo de Preparación : 12 minutos
Tiempo de Cocción : 20 minutos
Tiempo de congelación : Ninguno

INGREDIENTES:

- 2 tazas de harina de almendras
- ⅓ de taza de mantequilla con trozos de maní
- ¼ de taza de aceite de coco (calentar suavemente para que quede líquido)
- 110 gramos de chocolate oscuro (sin azúcar)
- 3 cucharadas de jarabe de maple sin azúcar
- 1 cucharada de extracto de vainilla
- 1 ¼ de cucharadita de polvo para hornear
- Una pizca de sal

INSTRUCCIONES:

1. Mezcla todos los ingredientes húmedos en un tazón grande. La mezcla tendrá un color café claro.
2. En otro tazón, mezcla todos los ingredientes secos excepto el chocolate.
3. Enseguida, tamiza los ingredientes secos y agrégalos a los ingredientes húmedos mientras continúas mezclando. El objetivo es obtener una masa suave sin grumos.
4. Se formará una mezcla quebradiza. Haz una bola con esta masa quebradiza y envuélvela con plástico autoadherible. Refrigera por aproximadamente una hora.
5. Mientras la bola está en el refrigerador, corta el chocolate en trozos pequeños de 2.5 cm.
6. Saca la masa del refrigerador y haz bolitas. Coloca un trozo de chocolate en medio de cada bola.
7. Acomódalas en una bandeja para hornear.
8. Hornea durante unos 18 minutos a 180°C.
9. Espolvoréales un poco de canela molida, enfría y disfruta.

INFORMACIÓN NUTRICIONAL (POR PORCIÓN)

Calorías: 148 Grasas: 13 g Proteínas: 4 g Carbohidratos Totales: 4 g Fibra Dietética: 2 g Carbohidratos Netos: 2 g

BOMBAS DE TOCINO
CUBIERTAS DE CACAO

Porciones : 12
Tiempo de Preparación : 10 minutos
Tiempo de Cocción : 50 minutos
Tiempo de congelación : Ninguno

CONSEJO ADICIONAL

También puedes freír el tocino en lugar de hornearlo.

INGREDIENTES:

- 12 rebanadas de tocino
- 1 cucharada de jarabe de maple sin azúcar
- Estevia granulada al gusto

PARA LA COBERTURA:

- ¼ de taza de nueces pecanas picadas
- 4 cucharadas de cacao oscuro en polvo
- 15-20 gotas de estevia

INSTRUCCIONES:

1. Pon las rebanadas de tocino en una bandeja para hornear y frótalas con el jarabe de arce y la estevia. Voltea las rebanadas y haz lo mismo con el otro lado.
2. Hornee por 10-15 minutos a 135°F (hasta que estén crujientes).
3. Cuando estén listas, escurre la grasa del tocino.
4. Mezcla la grasa del tocino, el cacao en polvo y la estevia para formar una masa.
5. Sumerge las rebanadas de tocino en esta mezcla, rebózalas en las nueces picadas y déjalas secar al aire hasta que el chocolate se endurezca.

INFORMACIÓN NUTRICIONAL (POR PORCIÓN)

Calorías: 157   Grasas: 11 g   Proteínas: 10 g   Carbohidratos Totales: 1 g   Fibra Dietética: 0 g   Carbohidratos Netos: 1 g

TURRONES DE NUECES

Porciones : 12
Tiempo de Preparación : 5 minutos
Tiempo de Cocción : 5 minutos
Tiempo de congelación : 1 hora

CONSEJO ADICIONAL

No te gustan las nueces de la receta? Usa cualquier nuez de tu preferencia.

INGREDIENTES:

- 110 gramos de manteca de cacao
- 55 gramos de nueces de macadamia picadas
- 55 gramos de nueces picadas
- 55 gramos de nueces pecanas picadas
- 1 taza de crema espesa
- 2 cucharadas de cacao en polvo
- Estevia al gusto

INSTRUCCIONES:

1. Derrite la manteca de cacao a baño María. Agrega gradualmente el cacao en polvo y la estevia.
2. Mezcla bien. Retira del fuego.
3. Bate la crema espesa y agrega todas las nueces de forma envolvente.
4. Vierte en los moldes y refrigera hasta que esté firme.

INFORMACIÓN NUTRICIONAL (POR PORCIÓN)

Calorías: 367   Grasas: 28 g   Proteínas: 3 g   Carbohidratos Totales: 3 g   Fibra Dietética: 0 g   Carbohidratos Netos: 3 g

Recetas de Otoño

QUESO FRESCO FRITO

Porciones : 12
Tiempo de Preparación : 2 minutos
Tiempo de Cocción : 5-7 minutos
Tiempo de congelación : Ninguno

CONSEJO ADICIONAL
También puedes agregar especias diversas para mejorar el sabor.

INGREDIENTES:

- 900 gramos de queso fresco
- 2 cucharadas de aceite de coco
- 1 cucharada de aceite de oliva
- 1 cucharada de albahaca picada

INSTRUCCIONES:

1. Calienta el aceite de coco y el de oliva en una sartén.
2. Corta el queso fresco en cuadrados pequeños.
3. Fríelo en el aceite. Asegúrate de freírlo hasta que todos los lados queden dorados.
4. Espolvoréalos con albahaca fresca ¡y disfrútalos!

INFORMACIÓN NUTRICIONAL (POR PORCIÓN)

Calorías: 243   Grasas: 19 g   Proteínas: 16 g   Carbohidratos Totales: 0 g   Fibra Dietética: 0 g   Carbohidratos Netos: 0 g

DULCE DE MANZANA

Porciones: 12   Tiempo de preparación: 5 minutos   Tiempo de cocción: 5 minutos   Tiempo de congelación: 3 horas

INGREDIENTES:

- 2 manzanas medianas
- 140 gramos de crema espesa
- ½ taza de mantequilla de vacas alimentadas con pasto
- 2 cucharadas de aceite de coco
- 1 cucharadita de canela molida
- Estevia al gusto
- Una pizca de sal

INSTRUCCIONES:

1. Corta las manzanas en rebanadas finas.
2. Derrite el aceite de coco en una sartén y agrega las manzanas y la canela. Mezcla bien para cubrir las manzanas.
3. Cocina hasta que se ablanden las manzanas. Machácalas suavemente con la ayuda de una cuchara.
4. Retíralas del fuego y agrega el resto de los ingredientes de forma envolvente.
5. Vierte la mezcla en moldes para hacer caramelos (preferiblemente en forma de manzana) y congela durante aproximadamente 3 horas.
6. Guárdalas en el refrigerador.

CONSEJO ADICIONAL

Las manzanas son relativamente altas en carbohidratos, así que consúmelas ocasionalmente.

INFORMACIÓN NUTRICIONAL (POR PORCIÓN)

Calorías: 168   Grasas: 12 g   Proteínas: 0 g   Carbohidratos Totales: 10 g   Fibra Dietética: 2 g   Carbohidratos netos: 8 g

Recetas de Otoño

NUBES DE QUESO CREMA

Porciones : 5 minutos
Tiempo de Preparación : Ninguno
Tiempo de Cocción : 12 minutos
Tiempo de congelación : 1 hora

CONSEJO ADICIONAL

También puedes usar diferentes extractos de sabores (por ejemplo, naranja, menta, etc.) para hacerlos de varios sabores.

INGREDIENTES:

- ½ taza de mantequilla de vacas alimentadas con pasto
- 225 g de queso crema
- ½ cucharadita de extracto de vainilla
- Estevia al gusto

INSTRUCCIONES:

1. Bate todos los ingredientes con un batidor eléctrico hasta que logres una consistencia espumosa.
2. Pon cucharadas de la mezcla en una bandeja y congela hasta que esté firme.

INFORMACIÓN NUTRICIONAL (POR PORCIÓN)

Calorías: 134   Grasas: 14 g   Proteínas: 1 g   Carbohidratos Totales: 1 g   Fibra Dietética: 1 g   Carbohidratos Netos: 0 g

Compilación de Postres Cetogénicos Fáciles

BOMBAS DE GRASA DE CALABAZA PICANTE

Porciones : 12
Tiempo de Preparación : 10 minutos
Tiempo de Cocción : 6 minutos
Tiempo de congelación : Durante toda la noche

CONSEJO ADICIONAL

Puedes hacer algo muy divertido agregando algunas de estas bombas (o la mezcla pre-congelada) a un procesador de alimentos y mezclarlas con un poco de coco o leche regular para obtener un batido instantáneo de calabaza. Agrega un poco de café instantáneo para hacerte un café con leche rápido.

INGREDIENTES:

- ½ taza de calabaza cortada en cubitos
- 3 cucharadas de mantequilla de coco
- 1 ½ cucharadas de aceite de coco
- ¼ de cucharadita de jengibre molido
- ¼ de cucharadita de nuez moscada molida
- ¼ de cucharadita de canela molida
- ⅛ de cucharadita de clavo molido
- Estevia al gusto

INSTRUCCIONES:

1. Derrite el aceite de coco y agrégalo a la mantequilla de coco. Agrega la estevia y bate hasta que tenga una consistencia suave.
2. Agrega la calabaza en cubitos y las especias a un procesador de alimentos y pulsa hasta que queden trozos muy pequeños.
3. Mezcla estas dos preparaciones, revuelve bien.
4. Forma bolitas y acomódalas en una hoja de papel pergamino.
5. Métalas en el congelador hasta que estén firmes.

INFORMACIÓN NUTRICIONAL (POR PORCIÓN)

Calorías: 99   Grasas: 10 g   Proteínas: 2 g   Carbohidratos Totales: 1 g   Fibra Dietética: 0 g   Carbohidratos Netos: 1 g

INVIERNO

GALLETAS DE *Chispas de Chocolate* CON MEGA TROZOS DE CHOCOLATE

INGREDIENTES:

- 2 tazas de harina de almendras finamente molida
- 2 huevos
- ½ taza de mantequilla derretida (usa aceite de coco para hacer la versión paleo)
- ½ taza de trozos de chocolate oscuro sin azúcar
- 3 cucharadas de edulcorante de fruta del monje
- 1 cucharadita de polvo para hornear sin gluten y sin aluminio
- 1 cucharadita de extracto puro de vainilla
- ½ cucharadita de sal de mar

INSTRUCCIONES:

1. Precalienta el horno a 180°C y forra una bandeja para hornear con papel pergamino.
2. Agrega los huevos, la mantequilla derretida y la vainilla a un tazón grande y bate.
3. Agrega el resto de los ingredientes y mezcla bien.
4. Con una cuchara sirve porciones redondeadas de la mezcla en una bandeja para hornear forrada con papel pergamino y hornea durante 14-16 minutos o hasta que las orillas comiencen a dorarse.

Instrucciones para la Preparación:

También puedes usar 1 cucharadita de estevia en lugar de fruta del monje si lo prefieres.

Sugerencias para Servir:

Sirve con una taza de leche de almendras sin azúcar.

Información Nutricional:

Carbohidratos: 3 g

Fibra: 1 g

Carbohidratos Netos: 2 g

Grasa: 12 g

Proteína: 3 g

Calorías: 130

Mini Galletas
MASTICABLES DE BROWNIE

Nivel de Dificultad: 1 | 10 minutos (más el tiempo de refrigeración) | 0 minutos | 20 porciones (1 galleta por porción) $$

INGREDIENTES:
- ⅓ de taza de harina de coco, tamizada
- ¼ de taza de cacao puro en polvo sin azúcar
- ½ taza de granos de cacao
- 1 taza de mantequilla derretida (usa ghee para hacer la versión paleo)
- 2 huevos
- ½ de taza de Swerve
- 1 cucharadita de extracto puro de vainilla
- ½ cucharadita de sal de mar

Instrucciones para la Preparación:
Si lo prefieres, puedes usar 1 cucharadita de estevia en polvo en lugar del Swerve.

Sugerencias para Servir:
Sirve con un vaso de leche de almendras o de coco sin azúcar.

INSTRUCCIONES:
1. Precalienta el horno a 180°C y forra una bandeja para hornear con papel pergamino.
2. Agrega la mantequilla derretida, los huevos y la vainilla a un tazón grande y mezcla.
3. Agrega los ingredientes secos y mezcla hasta que no queden grumos.
4. Con una cuchara pon porciones redondeadas de masa en una bandeja para hornear y hornea durante 10-14 minutos o hasta que las orillas comiencen a ponerse crujientes y el centro de la galleta comience a estar firme.

Información Nutricional:
Carbohidratos: 4 g
Fibra: 3 g
Carbohidratos Netos: 1 g
Grasa: 15 g
Proteína: 1 g
Calorías: 153

Galletas DE PAN DE JENGIBRE CETOGÉNICAS

INGREDIENTES:

- 2 tazas de harina de almendras finamente molida
- 2 huevos
- 1 taza de mantequilla derretida (usa coco o ghee para hacer la versión paleo)
- ⅓ de taza de edulcorante de fruta del monje
- 1 cucharadita de polvo para hornear
- 1 cucharadita de canela molida
- ½ cucharadita de jengibre molido
- ¼ de cucharadita de nuez moscada molida
- ⅛ cucharadita de clavos molidos
- 1 cucharadita de extracto puro de vainilla
- ⅛ cucharadita de sal de mar
- 1½ cucharadita de melaza

INSTRUCCIONES:

1. Precalienta el horno a 180°C y forra una bandeja para hornear con papel pergamino.
2. Agrega la harina de almendras, las especias, el polvo para hornear y la sal marina a un tazón grande y mezcla bien.
3. Agrega la mantequilla a un tazón grande y acrémala con una batidora de mano. Agrega la fruta del monje, la melaza y la vainilla, y vuelve a batir.
4. Agrega los huevos uno por uno, mezcla nuevamente hasta que se integren bien.
5. Vierte la mezcla de harina de almendras lentamente y mezcla con la batidora de mano hasta que se integre bien.
6. Con una cuchara pon porciones redondeadas de la mezcla en una bandeja para hornear forrada y presiona suavemente para aplanarlas. ¡Para darles un toque festivo adicional, usa tu cortador de galletas favorito inspirado en las fiestas!
7. Hornea de 10 a 12 minutos o hasta que las orillas comiencen a dorarse.
8. Déjalas enfriar antes de disfrutarlas.

Instrucciones para la Preparación:

Para acremar la mantequilla, si no tienes una batidora de mano, puedes agregar la mantequilla a un procesador de alimentos o a una licuadora de alta velocidad.

Sugerencias para Servir:

Sirve con un vaso de leche de almendras o de coco sin azúcar.

Información Nutricional:

Carbohidratos: 5 g   **Grasa:** 12 g

Fibra: 0 g   **Proteína:** 1 g

Carbohidratos Netos: 5 g   **Calorías:** 118

Galletas de Azúcar
ESPECIADA CON COPOS DE NIEVE DE NAVIDAD

INGREDIENTES:
- 1 taza de harina de almendra
- 2 cucharadas de harina de coco (tamizada)
- ½ cucharadita de polvo para hornear
- ¼ de cucharadita de nuez moscada molida
- ⅛ de cucharadita de clavos molidos
- ½ taza de mantequilla (usa aceite de coco o ghee para hacer la versión paleo)
- ¼ de taza de eritritol
- 1 cucharadita de extracto puro de vainilla
- ⅛ de cucharadita de sal

Instrucciones para la Preparación:
Para acremar la mantequilla, también puedes usar una batidora de mano.

Sugerencias para Servir:
Sirve con un vaso de leche de almendras o de coco sin azúcar.

Información Nutricional:
Carbohidratos: 5 g   Grasa: 7 g
Fibra: 1 g   Proteína: 1 g
Carbohidratos Netos: 4 g   Calorías: 69

Nivel de Dificultad: 2

15 minutos (más el tiempo de refrigeración)

7-10 minutos

16 porciones (1 galleta por porción) $$

SG

INSTRUCCIONES:
1. Precalienta el horno a 180°C y forra una bandeja para hornear con papel pergamino.
2. Acrema la mantequilla agregándola a un procesador de alimentos. Procesa con la vainilla hasta que quede esponjosa.
3. Agrega el resto de los ingredientes a un tazón grande para mezclar y revuelve hasta que todo se integre bien.
4. Vierte la mezcla seca en la licuadora o procesador de alimentos lentamente y mezcla hasta que se integre bien.
5. Pon la masa en el refrigerador por alrededor de 15 minutos.
6. Una vez fría, coloca la masa en una bandeja para hornear forrada con pergamino y con un rodillo aplánala hasta que tenga aproximadamente 2.5 cm de espesor sobre una superficie engrasada. Alternativamente, puedes forrar otra bandeja para hornear grande con papel pergamino y extender la masa sobre la bandeja.
7. Con un cortador de galletas con forma de copos de nieve, corta las galletas y ponlas una bandeja para hornear forrada de pergamino.
8. Hornea durante 7-10 minutos o hasta que las orillas comiencen a dorarse.
9. ¡Enfría completamente antes de disfrutarlas!

Bocadillos Salados y Chocolate

LOS MEJORES
Bocadillos Salados
DE TARTA DE MANZANA BAJOS EN CARBOHIDRATOS

INGREDIENTES:

- 1 taza de anacardos
- ½ taza de mantequilla de coco sin azúcar
- 1 manzana roja, pelada, finamente picada
- ½ cucharadita de canela molida
- ¼ de cucharadita de nuez moscada molida
- 1 cucharadita de extracto puro de vainilla
- ¼ de cucharadita de sal de mar

Instrucciones para la Preparación:

También puedes usar una manzana Granny Smith si lo prefieres.

Sugerencias para Servir:

Sirve con una taza de té caliente o de café.

Información Nutricional:

Carbohidratos: 8 g **Grasa:** 13 g

Fibra: 3 g **Proteína:** 2 g

Carbohidratos Netos: 5 g **Calorías:** 150

Nivel de Dificultad: 1 | 10 minutos (más el tiempo de enfriamiento) | 0 minutos | 16 porciones (1 bocadillo por porción) $$

SG SL V P

INSTRUCCIONES:

1. Agrega los anacardos y la mantequilla de coco a un procesador de alimentos y procesa hasta que la mezcla se integre.
2. Añade el resto de los ingredientes y procesa hasta que se mezclen bien.
3. Pon la mezcla en el refrigerador por 10 minutos.
4. Mientras la mezcla se enfría, forra una bandeja para hornear con papel pergamino.
5. Estira la masa fría con un rodillo y forma 16 círculos y ponlos en una bandeja para hornear forrada.
6. Refrigera por lo menos durante una hora antes de servir.
7. Guarda lo que sobre bien tapado en el refrigerador.

Bombas de Grasa
DE FRAMBUESA CON CHOCOLATE PARA EL DÍA DE SAN VALENTÍN

INGREDIENTES:

- 1 taza de queso crema batido
- 2 cucharadas de mantequilla clarificada (ghee)
- ¼ de taza de chispas de chocolate oscuro sin azúcar
- ¼ de taza de frambuesas congeladas
- 1 cucharadita de extracto puro de vainilla
- 10 gotas de estevia líquida sabor vainilla

Nivel de Dificultad: 1 | 10 minutos (más el tiempo de refrigeración) | 0 minutos | 12 porciones (1 bomba de grasa por porción) $$

Instrucciones para la Preparación:

Puedes usar mantequilla en lugar de ghee si lo prefieres.

Sugerencias para Servir:

Sirve con una taza de café caliente para disfrutar un sabroso postre para el día de San Valentín.

INSTRUCCIONES:

1. Agrega el queso crema batido, el ghee y las frambuesas a un procesador de alimentos o licuadora y procesa hasta que la mezcla esté suave y esponjosa.
2. Agrega el extracto de vainilla y la estevia, y vuelve a procesar.
3. Agrega las chispas de chocolate oscuro de manera envolvente y luego vierte la mezcla en moldes de silicón para hornear, llenándolos totalmente.
4. Congela durante aproximadamente 1 hora antes de servir, y guarda las sobras en el congelador.

Información Nutricional:

Carbohidratos: 2 g **Grasa:** 12 g

Fibra: 1 g **Proteína:** 2 g

Carbohidratos Netos: 1 g **Calorías:** 122

Corteza de Chocolate
OSCURO Y MENTA

INGREDIENTES:

- ½ taza de aceite de coco
- ¼ de taza de leche entera de coco sin azúcar
- ¼ de taza de cacao puro en polvo sin azúcar
- ½ cucharadita de extracto de menta pura
- 2 cucharaditas de extracto puro de vainilla
- 10 gotas de estevia líquida sabor vainilla
- ¼ de cucharadita de sal de mar

Instrucciones para la Preparación:

También puedes agregar ¼ de taza de granos de cacao a la mezcla de chocolate para darle una textura crujiente.

Sugerencias para Servir:

Sirve con un vaso de leche de almendras sin azúcar.

Información Nutricional:

Carbohidratos: 1 g   **Grasa:** 11 g

Fibra: 1 g   **Proteína:** 1 g

Carbohidratos Netos: 0 g   **Calorías:** 94

INSTRUCCIONES:

1. Forra una bandeja para hornear con papel pergamino.
2. Agrega el aceite de coco a una cacerola a fuego medio bajo y calienta hasta que se derrita.
3. Mientras bates, agrega la leche de coco, el cacao en polvo, la menta y el extracto de vainilla.
4. Agrega la estevia y la sal de mar.
5. Vierte la mezcla en un molde para hornear forrado y congela durante 15-20 minutos o hasta que esté firme.
6. Una vez firme, corta en 12 pedazos y guarda las sobras bien tapadas en el refrigerador o en el congelador para su uso futuro.

Brownies, Tartas y Pan

Rubias

Nivel de Dificultad: 2 | 15 minutos | 20-25 minutos | 8 porciones (1 rubia por porción) $$

SG SL V P

INGREDIENTES:

- 2 tazas de harina de almendras finamente molida
- 2 huevos
- ½ taza de aceite de coco, derretido
- 1 cucharadita de estevia en polvo
- 1 cucharadita de extracto puro de vainilla
- ½ taza de chispas de chocolate oscuro sin azúcar
- 1 cucharadita de polvo para hornear sin gluten y sin aluminio

Instrucciones para la Preparación:

Si no puedes encontrar chispas de chocolate sin azúcar, también puedes utilizar granos de cacao.

Sugerencias para Servir:

Sirve con una cucharada de crema batida sin azúcar si lo deseas.

INSTRUCCIONES:

1. Precalienta el horno a 180°C y forra un molde para hornear de 23x33 cm con papel pergamino.
2. Agrega los huevos a un tazón y bátelos.
3. Agrega el aceite de coco, el extracto de vainilla y la estevia. Mezcla bien.
4. Agrega la harina de almendras, el polvo de hornear y las chispas de chocolate oscuro de manera envolvente.
5. Vierte la mezcla en el molde para hornear forrado y hornea durante 20-25 minutos o hasta que los bordes comiencen a dorarse.
6. Deja enfriar y luego corta 8 cuadrados.

Información Nutricional:

Carbohidratos: 6 g **Grasa:** 26 g
Fibra: 3 g **Proteína:** 5 g
Carbohidratos Netos: 3 g **Calorías:** 275

Brownies
DE PONCHE DE HUEVO

Nivel de Dificultad: 2 | 15 minutos | 20-25 minutos | 8 porciones (1 brownie por porción) $$

INGREDIENTES:

- 2 tazas de harina de almendras finamente molida
- 2 huevos
- ½ taza de aceite de coco, derretido
- ¼ de taza de cacao puro en polvo sin azúcar
- ¼ de taza de chispas de chocolate oscuro sin azúcar
- 1 cucharadita de estevia en polvo
- 1 cucharadita de extracto puro de vainilla
- 1 cucharadita de canela molida
- ½ cucharadita de nuez moscada molida
- 1 cucharadita de polvo para hornear sin gluten y sin aluminio
- ⅛ de cucharadita de sal de mar
- 2 cucharadas de agua

INSTRUCCIONES:

1. Precalienta el horno a 180°C y forra un molde para hornear de 23x33 cm con papel pergamino.
2. Agrega los huevos a un tazón y bátelos.
3. Agrega el aceite de coco, el extracto de vainilla y la estevia. Mezcla bien.
4. Agrega la harina de almendras, el polvo de hornear, el cacao en polvo, la canela, la nuez moscada, la sal de mar y el agua. Mezcla bien.
5. Agrega las chispas de chocolate en forma envolvente, vierte la mezcla en el molde para hornear forrado y hornea durante 20-25 minutos o hasta que cuando insertes un palillo en el centro salga limpio.
6. Deja enfriar y luego corta 8 cuadrados.

Instrucciones para la Preparación:

Si no estás evitando los lácteos, puedes usar mantequilla en lugar de aceite de coco si lo prefieres.

Sugerencias para Servir:

Sirve con una cucharada de crema batida sin azúcar si lo deseas.

Información Nutricional:

Carbohidratos: 6 g **Grasa:** 23 g
Fibra: 3 g **Proteína:** 4 g
Carbohidratos Netos: 3 g **Calorías:** 233

Recetas de Invierno

BOCADILLOS SALADOS DE
Tarta de Nuez Pecana
INSPIRADOS EN NAVIDAD

INGREDIENTES:
- 1 taza de nueces
- ½ taza de coco rallado sin azúcar
- 2 cucharadas de mantequilla de coco
- 1 cucharadita de extracto puro de vainilla
- 10 gotas de estevia líquida sabor vainilla
- 1 cucharadita de canela molida
- ¼ de cucharadita de pimienta de Jamaica
- ¼ de taza de granos de cacao

INSTRUCCIONES:
1. Agrega las nueces pecanas y el coco rallado a una licuadora de alta velocidad o procesador de alimentos y mezcla hasta que estén bien integrados.
2. Agrega la mantequilla de coco, la vainilla, la estevia, la canela y la pimienta de Jamaica y mezcla nuevamente.
3. Vierte la mezcla en un tazón y agrega los granos de cacao.
4. Refrigera por 15 minutos.
5. Una vez fría, forma bolitas del tamaño de un bocado.
6. Guarda lo que sobre bien tapado en el refrigerador.

Instrucciones para la Preparación:
Puedes usar nueces o anacardos en lugar de las nueces pecanas, si lo prefieres.

Sugerencias para Servir:
Sirve con una taza de ponche de huevo cetogénico para darte un gusto navideño.

Información Nutricional:
Carbohidratos: 8 g
Fibra: 6 g
Carbohidratos Netos: 2 g
Grasa: 30 g
Proteína: 3 g
Calorías: 298

Pastel de Pan de Café
CON GLASEADO DE VAINILLA SIN CARBOHIDRATOS

Nivel de Dificultad: 2 | 20 minutos | 20-30 minutos | 8 porciones (1 rebanada por porción) $$

SG

INGREDIENTES:
- 2½ tazas de harina de almendras
- ½ taza de café preparado, frío
- 3 huevos
- ½ taza de ghee derretido
- 1 cucharadita de estevia en polvo
- 1 cucharadita de canela molida
- 1 cucharadita de extracto puro de vainilla

Glaseado de Vainilla Sin Carbohidratos:
- 1 taza de queso crema batido
- ¼ de taza de crema espesa para batir
- 1 cucharadita de estevia líquida con sabor a crema de vainilla
- 1 cucharadita de extracto puro de vainilla

Instrucciones para la Preparación:
Para que esta receta sea compatible con la dieta paleolítica, haz la prueba de usar queso crema a base de almendras y crema de coco entera sin azúcar.

Sugerencias para Servir:
Sirve con una taza de chocolate cetogénico caliente o una taza de café caliente.

INSTRUCCIONES:
1. Forra un molde para pan con papel pergamino y precalienta el horno a 160°C.
2. Agrega los huevos a un tazón y bátelos.
3. Agrega el ghee, el extracto de vainilla y el café, y vuelve a batir.
4. Agrega los ingredientes secos y mezcla hasta que no queden grumos.
5. Hornea durante 20 minutos o hasta que cuando insertes un palillo en el centro salga limpio.
6. Mientras se hornea el pan, prepara el glaseado agregando los ingredientes a un procesador de alimentos y procesa hasta que la mezcla esté cremosa.
7. Una vez que el pan esté frío, cúbrelo con el glaseado, córtalo en 8 rebanadas iguales y ¡disfruta!

Información Nutricional:
- **Carbohidratos:** 6 g
- **Fibra:** 1 g
- **Carbohidratos Netos:** 5 g
- **Grasa:** 19 g
- **Proteína:** 6 g
- **Calorías:** 218

Recetas de Invierno

Magdalenas de Chocolate
CON ESPECIAS NAVIDEÑAS CON GLASEADO DE CREMA DE MANTEQUILLA

INGREDIENTES:

- 1 taza de harina de coco
- ½ taza de cacao en polvo sin azúcar
- 1 cucharadita de estevia en polvo
- 3 huevos
- 1 taza de leche mitad y mitad
- ½ taza de mantequilla, derretida
- 2 cucharaditas de extracto puro de vainilla
- 2 cucharaditas de polvo para hornear
- 1 cucharadita de canela molida
- ½ cucharadita de nuez moscada molida

Glaseado de Crema de Mantequilla

- ½ taza de mantequilla
- ½ taza de queso crema batido
- 2 cucharaditas de extracto puro de vainilla
- 2 gotas de estevia líquida sabor vainilla (opcional)

| Nivel de Dificultad: 1 | 15 minutos | 18-20 minutos | 16 porciones (1 magdalena por porción) $$ |

Consejo de cocina:

La harina de coco es muy absorbente, por lo que la masa será más espesa que la masa de pastel tradicional. En lugar de verter la mezcla en el molde para panquecitos, sácala con una cuchara y presiona suavemente la superficie para aplanarla.

INSTRUCCIONES:

1. Comienza precalentando el horno a 180°C y forra un molde para panquecitos con capacillos.
2. Agrega todos los ingredientes secos a un tazón y mezcla bien.
3. En un tazón aparte, bate los huevos. Agrega la leche mitad y la mitad, la mantequilla derretida y el extracto puro de vainilla.
4. Vierte la mezcla húmeda a la mezcla seca y revuelve hasta que esté bien integrada y hasta que no queden grumos.
5. Pon la masa de magdalenas en los moldes para panquecitos con capacillos con una cuchara, llena cada cavidad hasta ocupar ¾ de los moldes.
6. Hornear a 180°C por 18-20 minutos.
7. Enfría completamente antes de glasearlos con el glaseado de crema de mantequilla.

Instrucciones del Glaseado de Crema de Mantequilla:

1. Agrega todos los ingredientes del glaseado a un tazón grande y acrema con una batidora manual. Alternativamente, puedes usar un procesador de alimentos y batir hasta que todos los ingredientes estén bien integrados.
2. Pasa la mezcla a una manga pastelera y glasea cada magdalena una vez que esté completamente fría.

Información Nutricional:

Carbohidratos: 12 g **Grasa:** 18 g
Fibra: 7 g **Proteína:** 4 g
Carbohidratos Netos: 5 g **Calorías:** 226

Pan de Navidad
DE CHOCOLATE Y MENTA

Nivel de Dificultad: 2 | 20 minutos | 20-30 minutos | 8 porciones (1 rebanada por porción) $$

SG

INGREDIENTES:
- 2½ tazas de harina de almendras
- ¼ de taza de cacao puro en polvo sin azúcar
- ½ taza de leche de almendras sin azúcar
- 3 huevos
- ½ taza de mantequilla derretida (usa ghee para hacer la versión paleo)
- 1 cucharadita de estevia en polvo
- 1 cucharadita de extracto de menta pura
- ¼ de taza de chispas de chocolate oscuro sin azúcar

INSTRUCCIONES:
1. Forra un molde para pan con papel pergamino y precalienta el horno a 160°C.
2. Agrega los huevos a un tazón y bátelos.
3. Agrega la mantequilla, la menta y la leche de almendras, y vuelve a batir.
4. Agrega todos los ingredientes secos y bate hasta que no queden grumos.
5. Hornea durante 20 minutos o hasta que cuando insertes un palillo en el centro salga limpio.
6. Permite que el pan se enfríe por 10 minutos. ¡Rebana y disfruta!

Instrucciones para la Preparación:
Siéntete con la libertad de agregar un toque festivo adicional al incluir 1 cucharadita de nuez moscada molida si lo deseas.

Sugerencias para Servir:
Sirve con una taza de té o café caliente.

Información Nutricional:
Carbohidratos: 6 g   **Grasa:** 22 g
Fibra: 3 g   **Proteína:** 6 g
Carbohidratos Netos: 3 g   **Calorías:** 234

PARFAIT DE NUEZ CON
Streusel de Canela

Delicias Frías

INGREDIENTES:

- 1 taza de yogur griego entero sin azúcar (usa yogur de leche entera de coco sin azúcar para hacer la versión paleo)
- ¼ de taza de nueces picadas
- 1 cucharadita de extracto puro de vainilla
- ½ cucharadita de canela molida

Streusel de Canela:

- 3 cucharadas de aceite de coco
- ½ taza de nueces picadas
- 1 cucharadita de edulcorante Swerve
- 2 cucharaditas de canela molida

Nivel de Dificultad: 1 | 10 minutos (más el tiempo de enfriamiento) | 0 minutos | 4 porciones (aprox. ¼ de taza por porción) $$

INSTRUCCIONES:

1. Agrega el yogur a la base de un tazón para servir y agrega la vainilla y la canela.
2. Cubre con las nueces picadas y reserva.
3. Haz el streusel de canela agregando todos los ingredientes a un tazón y mezcla bien.
4. ¡Agrega el streusel de canela sobre el tazón de yogur y disfruta!

Instrucciones para la Preparación:

Si lo prefieres, puedes hacer este parfait usando nueces pecanas.

Sugerencias para Servir:

Disfrútalo con una cucharada de crema batida sin azúcar si lo deseas.

Información Nutricional:

Carbohidratos: 8 g

Fibra: 3 g

Carbohidratos Netos: 5 g

Grasa: 30 g

Proteína: 9 g

Calorías: 313

Bombas de Grasa

PARA EL DESAYUNO
CUBIERTAS DE CACAO

Porciones: 12   Tiempo de preparación: 10 minutos   Tiempo de cocción: 15 minutos   Tiempo de congelación: 1 hora

INGREDIENTES:

- 8 rebanadas de tocino
- 4 huevos
- ⅔ de taza de mantequilla de vacas alimentadas con pasto
- 2 cucharadas de mayonesa cetogénica entera
- 1 cucharada de cilantro picado
- ¼ de cucharadita de pimienta cayena
- Sal y pimienta al gusto

INSTRUCCIONES:

1. Pon a hervir los huevos hasta que estén duros.
2. Mientras los huevos se están hirviendo, fríe el tocino hasta que esté crujiente. Reserva la grasa de tocino.
3. Cuando los huevos estén listos, pélalos y machácalos con un tenedor. Mezcla con la mantequilla, mayonesa y condimentos.
4. Desmenuza el tocino en trozos pequeños y agrégalo a la mezcla principal.
5. Refrigera por lo menos una hora.
6. Forma bolitas y regrésalas al refrigerador.

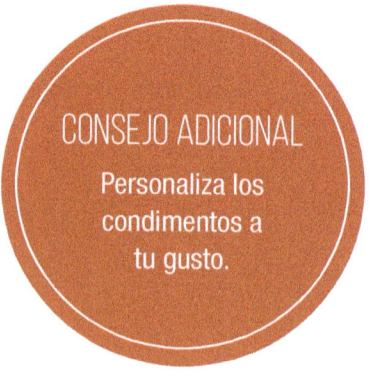

CONSEJO ADICIONAL
Personaliza los condimentos a tu gusto.

INFORMACIÓN NUTRICIONAL (POR PORCIÓN)

Calorías: 185   Grasas: 18 g   Proteínas: 5 g   Carbohidratos Totales: 0 g   Fibra Dietética: 0 g   Carbohidratos Netos: 0 g

Compilación de Postres Cetogénicos Fáciles

DULCE DE LECHE CREMOSO DE COCO

Porciones : 12
Tiempo de Preparación : 20 minutos
Tiempo de Cocción : Ninguno
Tiempo de congelación : 2 horas

CONSEJO ADICIONAL

También puedes formar bolitas, pero los cuadrados son mucho más convenientes.

INGREDIENTES:

- 2 tazas de aceite de coco
- ½ taza de crema de coco
- ½ taza de cacao oscuro en polvo
- ¼ de taza de almendras picadas
- ¼ de taza de coco rallado
- 1 cucharadita de extracto de almendra
- Una pizca de sal
- Estevia al gusto

INSTRUCCIONES:

1. Vierte la crema de coco y el aceite de coco en un tazón grande y bate con una batidora eléctrica. Detente cuando la mezcla se vuelva suave y brillante.
2. Lentamente comienza a agregar el cacao en polvo mientras sigues mezclando. Asegúrate de que no tenga grumos.
3. Agrega el resto de los ingredientes.
4. Vierte en un molde para pan forrado con papel pergamino y congela hasta que esté firme.
5. ¡Córtalos en cuadros y disfrútalos!

INFORMACIÓN NUTRICIONAL (POR PORCIÓN)

Calorías: 172   Grasas: 20 g   Proteínas: 0 g   Carbohidratos Totales: 1 g   Fibra Dietética: 1 g   Carbohidratos Netos: 0 g

Recetas de Invierno

TURRONES DE NUEZ MOSCADA

Porciones : 12
Tiempo de Preparación : 10 minutos
Tiempo de Cocción : 5 minutos
Tiempo de congelación : 30 minuto

CONSEJO ADICIONAL

También puedes cubrirlos con cacao en polvo en su lugar.

INGREDIENTES:

- 1 taza de mantequilla de anacardo (marañón, nuez de la india)
- 1 taza de crema espesa
- 1 taza de coco rallado
- 1 cucharadita de extracto de vainilla
- ½ cucharadita de nuez moscada molida
- Estevia al gusto

INSTRUCCIONES:

1. Derrite la mantequilla de anacardo a baño maría.
2. Agrega la crema espesa, el extracto de vainilla, la nuez moscada y la estevia.
3. Retira del fuego y deja que se enfríe un poco.
4. Mete al refrigerador durante al menos media hora.
5. Saca del refrigerador y forma bolitas.
6. Cubre con coco rallado y enfría durante 2 horas. Después sírvelas.

INFORMACIÓN NUTRICIONAL (POR PORCIÓN)

Calorías: 341   Grasas: 34 g   Proteínas: 3 g   Carbohidratos Totales: 13 g   Fibra Dietética: 8 g   Carbohidratos Netos: 5 g

BROWNIES DE CACAO

Porciones : 12
Tiempo de Preparación : 15 minutos
Tiempo de Cocción : 25 minutos
Tiempo de congelación : Ninguno

CONSEJO ADICIONAL
Prepare el brownie à la mode sirviéndolo con una bola de helado cetogénico.

INGREDIENTES:

- 1 huevo
- ⅓ de taza de crema espesa
- ¾ de taza de mantequilla de almendras
- ¼ de taza de cacao en polvo
- 2 cucharadas de mantequilla de vacas alimentadas con pasto
- 2 cucharaditas de extracto de vainilla
- ¼ de cucharadita de polvo para hornear
- Una pizca de sal

INSTRUCCIONES:

1. Rompe el huevo y bátelo hasta que esté suave.
2. Agrega todos los ingredientes húmedos y mezcla bien.
3. Mezcla todos los ingredientes secos, tamízalos y agrégalos en los ingredientes húmedos para hacer una masa.
4. Vierte en una bandeja para hornear engrasada y hornea durante 25 minutos a 180° C o hasta que cuando insertes un palillo por la mitad salga limpio.
5. Deja enfriar, rebana y sirve.

INFORMACIÓN NUTRICIONAL (POR PORCIÓN)

Calorías: 184   Grasas: 20 g   Proteínas: 1 g   Carbohidratos Totales: 1 g   Fibra Dietética: 0 g   Carbohidratos Netos: 1 g

BOLITAS DE NARANJA

Porciones : 12
Tiempo de Preparación : 10 minutos
Tiempo de Cocción : Ninguno
Tiempo de congelación : 2 horas

CONSEJO ADICIONAL

Esta es una receta versátil. Prueba con varios aderezos/adiciones. Algunas sugerencias: nueces tostadas picadas, coco rallado, (más) cacao en polvo

INGREDIENTES:

- 280 gramos de aceite de coco
- 4 cucharadas de cacao en polvo
- ¼ de cucharadita de extracto de naranja sanguina
- Estevia al gusto

INSTRUCCIONES:

1. Derrite la mitad del aceite de coco a baño maría y agrega la estevia y el extracto de naranja.
2. Vierte esta mezcla en moldes para caramelo, llenándolos hasta la mitad.
3. Refrigera hasta que estén firmes.
4. Mientras tanto, derrite el aceite de coco restante y agrega el cacao en polvo y un poco de estevia. Asegúrate de que no tenga grumos.
5. Vierte esto en los moldes, llenándolos.
6. Regrésalos al refrigerador y enfríalos hasta que estén completamente firmes.

INFORMACIÓN NUTRICIONAL (POR PORCIÓN)

Calorías: 188   Grasas: 21 g   Proteínas: 1 g   Carbohidratos Totales: 1 g   Fibra Dietética: 0 g   Carbohidratos Netos: 1 g

MINI FELICIDAD
DE MENTA

Porciones: 12   Tiempo de preparación: 45 minutos   Tiempo de cocción: Ninguno   Tiempo de congelación: 2 horas

INGREDIENTES:

- 1 ½ tazas de aceite de coco
- 1 ¼ tazas de mantequilla de semillas de girasol
- 1 taza de chispas de chocolate oscuro (sin azúcar)
- ½ taza de perejil seco
- 2 cucharaditas de extracto de vainilla
- 1 cucharadita de extracto de menta
- Una pizca de sal
- Estevia al gusto

INSTRUCCIONES:

1. Derrite las chispas de chocolate oscuro y el aceite de coco a baño maría.
2. Agrega todos los ingredientes a un procesador de alimentos y pulsa hasta que tenga una consistencia suave.
3. Vierte en moldes redondos y congela.

CONSEJO ADICIONAL
Agrega algunas cerezas deshidratadas picadas para volverlas mucho más festivas.

INFORMACIÓN NUTRICIONAL (POR PORCIÓN)

Calorías: 251   Grasas: 25 g   Proteínas: 3 g   Carbohidratos Totales: 7 g   Fibra Dietética: 1 g   Carbohidratos Netos: 6 g

Recetas de Invierno

MAGDALENAS
DE QUESO CHEDDAR

Porciones: 1   Tiempo de preparación: 5 minutos   Tiempo de cocción: 1 minutos   Tiempo de congelación: Ninguno

INGREDIENTES:

- 2 cucharadas de queso cheddar rallado
- 2 cucharadas de mantequilla de vacas alimentadas con pasto
- 3 cucharadas de harina de almendras
- 1 cucharada de chiles verdes picados
- ½ cucharadita de polvo para hornear
- ¼ de cucharadita de pimienta cayena
- 1 huevo
- Una pizca de sal

INSTRUCCIONES:

1. Bate el huevo hasta que esté suave. Agrégalo a una taza de café.
2. Mezcla el queso y la mantequilla suavizada. Agrega el resto de los ingredientes. Mezcla bien.
3. Añade esto al huevo y mezcla bien.
4. Caliéntalo en el microondas durante 1 minuto o hasta que cuando insertes un palillo en el centro salga limpio.
5. Cómelo directamente de la taza.

INFORMACIÓN NUTRICIONAL (POR PORCIÓN)

Calorías: 492   Grasas: 49 g   Proteínas: 18 g   Carbohidratos Totales: 6 g   Fibra Dietética: 3 g   Carbohidratos Netos: 3 g

Compilación de Postres Cetogénicos Fáciles

BOMBAS RELLENAS DE SEMILLAS

Porciones : 12
Tiempo de Preparación : 35 minutos
Tiempo de Cocción : Ninguno
Tiempo de congelación : 1 hora

CONSEJO ADICIONAL
Puedes agregar cualquier combinación de semillas que desees. Me gusta hacer una bonita mezcla colorida.

INGREDIENTES:

- ⅔ de taza de mantequilla de coco
- 2 ½ cucharadas de aceite de coco
- 2 cucharadas de cacao en polvo
- 1 cucharada de semillas de cáñamo
- 1 cucharada de semillas de linaza
- 1 cucharada de semillas de chía
- 1 cucharada de semillas de calabaza
- 1 cucharadita de extracto de vainilla
- Estevia al gusto

INSTRUCCIONES:

1. Derrite la mantequilla de coco y el aceite de coco a baño maría.
2. Mezcla todos los ingredientes y viértelos en moldes.
3. Refrigera hasta que estén semi-firmes y pastosas.
4. Mantenlas guardadas en el refrigerados para que las consumas después.

INFORMACIÓN NUTRICIONAL (POR PORCIÓN)

Calorías: 121   Grasas: 11 g   Proteínas: 2 g   Carbohidratos Totales: 4 g   Fibra Dietética: 3 g   Carbohidratos Netos: 1 g

Recetas de Invierno

BOMBAS CON NUEZ Y JENGIBRE

Porciones : 12
Tiempo de Preparación : 5 minutos
Tiempo de Cocción : Ninguno
Tiempo de congelación : 2 horas

CONSEJO ADICIONAL

Funciona mejor usar jengibre fresco, pero si no lo puedes conseguir, también puedes usar jengibre molido.

INGREDIENTES:

- 110 gramos de coco rallado
- 55 gramos de mantequilla de vacas alimentadas con pasto
- 55 gramos de aceite de coco
- 1 cucharada de jengibre rallado
- 1 cucharadita de canela molida
- 1 cucharadita de extracto de vainilla
- ½ cucharada de anacardos (marañón, nuez de la India) tostados triturados
- Estevia al gusto
- Una pizca de sal

INSTRUCCIONES:

1. Suaviza la mantequilla y el aceite de coco.
2. Mezcla todos los ingredientes.
3. Vierte en moldes y congela.

INFORMACIÓN NUTRICIONAL (POR PORCIÓN)

Calorías: 79   Grasas: 9 g   Proteínas: 0 g   Carbohidratos Totales: 1 g   Fibra Dietética: 0 g   Carbohidratos Netos: 1 g

VASOS CON NATILLA

Porciones: 12   Tiempo de preparación: 5 minutos   Tiempo de cocción: Ninguno   Tiempo de congelación: 40 minutos

INGREDIENTES:

- 220 gramos de mantequilla de vacas alimentadas con pasto
- 2 tazas de leche de coco
- ½ taza de aceite de coco
- ½ taza de coco rallado
- ¼ de taza de proteína en polvo (de cualquier sabor de tu preferencia)
- 2 cucharadas de gelatina
- 1 ½ cucharaditas de extracto de vainilla
- 6 cucharaditas de xilitol
- 5 yemas de huevo
- Estevia al gusto

INSTRUCCIONES:

1. Bate las yemas de huevo hasta que estén suaves y cremosas.
2. Derrite la mantequilla y el aceite de coco en una cacerola. Agrega leche de coco a esta mezcla.
3. Agrega la gelatina y sigue revolviendo hasta que la gelatina se disuelva y la mezcla comience a espesarse un poco.
4. Retira del fuego y déjala enfriar. Sin dejar de revolver agrega la proteína en polvo y el extracto de vainilla.
5. Vierte la mezcla en tazones y espolvoréales coco rallado arriba.
6. Enfría antes de servir.

CONSEJO ADICIONAL
Puedes hacer de diferentes sabores usando diferentes sabores de proteínas en polvo.

INFORMACIÓN NUTRICIONAL (POR PORCIÓN)

Calorías: 349   Grasas: 37 g   Proteínas: 2 g   Carbohidratos Totales: 5 g   Fibra Dietética: 1 g   Carbohidratos Netos: 4 g

Recetas de Invierno

TRUFAS CON NUECES Y CHOCOLATE BLANCO

Porciones : 12
Tiempo de Preparación : 5 minutos
Tiempo de Cocción : Ninguno
Tiempo de congelación : 1-2 horas

CONSEJO ADICIONAL
La estevia granulada es opcional. También se pueden espolvorear con un poco de cacao en polvo o coco rallado.

INGREDIENTES:

- ½ taza de nueces pecanas tostadas picadas
- 4 cucharadas de manteca de cacao
- 4 cucharadas de mantequilla de coco
- 4 cucharadas de aceite de coco
- 1 cucharadita de una vaina de vainilla raspada
- Estevia granulada y líquida al gusto
- Una pizca de sal

INSTRUCCIONES:

1. Mezcla todos los ingredientes hasta formar una masa.
2. Vierte en un molde de pan forrado con papel pergamino.
3. Congela hasta que estén firmes.
4. Corta en cuadrados y espolvoréales un poco de estevia granulada.

INFORMACIÓN NUTRICIONAL (POR PORCIÓN)

Calorías: 92   Grasas: 10 g   Proteínas: 0 g   Carbohidratos Totales: 1 g   Fibra Dietética: 0 g   Carbohidratos Netos: 1 g

BOMBAS DE GRASA ESPONJOSAS

Porciones: 12   Tiempo de preparación: 10 minutos   Tiempo de cocción: 6 minutos   Tiempo de congelación: 1 hora

INGREDIENTES:

- 2 tazas de crema espesa
- ⅔ de taza de crema ácida
- 2 cucharaditas de canela molida
- 1 cucharadita de una vaina de vainilla raspada
- ¼ de cucharadita de cardamomo molido
- 4 yemas de huevo
- Estevia al gusto

INSTRUCCIONES:

1. Bate las yemas de huevo en un recipiente de vidrio hasta que estén suaves y cremosas.
2. Calienta el tazón a baño maría y agrega el resto de los ingredientes.
3. Retira del fuego y enfría a temperatura ambiente.
4. Refrigera por aproximadamente una hora y luego bate la mezcla.
5. Vierte en moldes y congela.

CONSEJO ADICIONAL
También les puedes agregar un poco de cacao en polvo.

INFORMACIÓN NUTRICIONAL (POR PORCIÓN)
Calorías: 363   Grasas: 40 g   Proteínas: 2 g   Carbohidratos Totales: 1 g   Fibra Dietética: 0 g   Carbohidratos Netos: 1 g

Recetas de Invierno

BOLAS DE TOCINO CON CENTRO DE QUESO

Porciones : 35-40
Tiempo de Preparación : 3 minutos
Tiempo de Cocción : 5 minutos
Tiempo de congelación : Ninguno

INGREDIENTES:

- 35-40 rebanadas de tocino
- 450 gramos de queso mozzarella rallado
- 8 cucharadas de mantequilla de vacas alimentadas con pasto
- 8 cucharadas de harina de almendras
- 6 cucharadas de polvo de cáscara de psyllium
- ¼ de cucharadita de cebolla en polvo
- ¼ de cucharadita de ajo en polvo
- 1 huevo
- 2 tazas de mantequilla clarificada (o ghee o aceite)
- Sal y pimienta al gusto

CONSEJO ADICIONAL

Esta receta se lleva un poco de tiempo, ya que el proceso de envoltura puede ser lento y tedioso, así que planifica con anticipación.

INSTRUCCIONES:

1. Prepara un baño maría.
2. Derrite la mantequilla y agrega la mitad del queso mozzarella. Espera a que la mezcla se vuelva viscosa y pegajosa.
3. Agrega el huevo y bate con un tenedor hasta que todo esté suave.
4. Agrega el resto de los ingredientes, menos el tocino y el queso restante, y mezcla bien. Retira del fuego.
5. En este punto la mezcla tendrá una consistencia espesa y parecida a la masa. Deja que se enfríe y luego extiéndela dándole una forma triangular plana.
6. Pon el queso restante sobre la mitad de la masa y luego dóblela, como si fuera un sándwich con queso en medio.
7. Dóblala una vez más y sella los bordes con las manos.
8. Córtala en cuadrados pequeños, obtendrás unos 35-40.
9. Envuelve cada cuadrado con una rebanada de tocino y asegúrala con un palillo de dientes. Repite el procedimiento con todos los cuadrados.
10. Calienta el aceite/ghee en una olla profunda y fríe hasta que estén dorados y crujientes.
11. Sírvelas recién hechas.

INFORMACIÓN NUTRICIONAL (POR PORCIÓN)

Calorías: 275   Grasas: 31 g   Proteínas: 0 g   Carbohidratos Totales: 2 g   Fibra Dietética: 1 g   Carbohidratos Netos: 1 g

PRIMAVERA

Bocadillos Salados y Chocolates

Vasos Saltamontes
DE CHOCOLATE

INGREDIENTES:

- 1 taza de chispas de chocolate oscuro sin azúcar
- 2 cucharadas de aceite de coco
- 1 cucharadita de extracto de menta pura
- 10 gotas de estevia líquida
- ½ cucharadita de sal de mar

INSTRUCCIONES:

1. Pon los mini moldes para panquecitos sobre una bandeja para hornear y reserva.
2. Haz la cobertura de chocolate agregando el aceite de coco a una olla a fuego lento. Derrite el aceite y luego agrega las chispas de chocolate y la sal.
3. Revuelve la mezcla continuamente hasta que se derrita por completo.
4. Agrega el extracto de menta y la estevia.
5. Vierte la mezcla en los mini moldes para panquecitos, llenando aproximadamente ¾ de la cavidad.
6. Congela alrededor de 15 minutos o hasta que estén firmes.
7. Guarda las sobras en el refrigerador o en el congelador.

Instrucciones para la Preparación:

Puedes reemplazar el extracto de menta y usar extracto de vainilla o almendra si lo deseas.

Sugerencias para Servir:

Sirve con una taza de leche de almendras sin azúcar.

Nivel de Dificultad: 2
10 minutos (más el tiempo de refrigeración)
2 minutos
8 porciones (1 taza por porción)
$$

Información Nutricional:
Carbohidratos: 8 g
Fibra: 4 g
Carbohidratos Netos: 4 g
Grasa: 19 g
Proteína: 4 g
Calorías: 231

BOMBAS DE GRASA DE
Samoas

INGREDIENTES:
- 1 taza de anacardos
- 2 cucharadas de mantequilla (usa ghee para hacer la versión paleo)
- 2 cucharadas de mantequilla de coco sin azúcar
- 1 cucharada de edulcorante Swerve (usa azúcar de coco para hacer la versión paleo)
- 2 cucharadas de crema de coco sin azúcar
- 1 cucharadita de extracto puro de vainilla
- 1 cucharadita de melaza
- ½ cucharadita de sal de mar
- ½ taza de coco rallado sin azúcar

Nivel de Dificultad : 1 | 15 minutos (más el tiempo de enfriamiento) | 0 minutos | 20 porciones (1 bomba de grasa por porción) $$

INSTRUCCIONES:
1. Forra una bandeja para hornear con papel pergamino y agrega el coco rallado sin azúcar a un tazón grande. Reserva.
2. Agrega los anacardos, la mantequilla y la mantequilla de coco a una licuadora de alta velocidad o procesador de alimentos, y procesa hasta que los anacardos estén finamente molidos.
3. Agrega el Swerve, la crema de coco, la vainilla, la melaza y la sal, y mezcla nuevamente.
4. Forma 20 bolitas del tamaño de un bocado y cúbrelas con el coco rallado sin azúcar.
5. Colócalas en la bandeja para hornear forrada con papel pergamino y colócala en el refrigerador durante 30 minutos antes de disfrutarlas.
6. Guarda las sobras bien tapadas en el refrigerador o en el congelador.

Instrucciones para la Preparación:
Si tienes problemas, puedes congelar las bombas de grasa durante 15 minutos o refrigerarlas durante 30 minutos.

Sugerencias para Servir:
Sirve con una taza de café o té.

Información Nutricional:
Carbohidratos: 6 g
Fibra: 1 g
Carbohidratos Netos: 5 g
Grasa: 11 g
Proteína: 2 g
Calorías: 120

BOMBAS DE GRASA DE *Pastel de Zanahoria* PARA EL DÍA DE PASCUA

 Nivel de Dificultad: 1

 15 minutos (más el tiempo de refrigeración)

 0 minutos

 14 porciones (1 bomba de grasa por porción) $$

 SG V P

INGREDIENTES:
- 1 taza de nueces
- 1 taza de mantequilla de coco sin azúcar
- ½ taza de zanahorias ralladas
- ½ taza de coco rallado sin azúcar
- 1 cucharadita de estevia en polvo
- 1 cucharadita de extracto puro de vainilla
- 1 cucharadita de canela molida
- ⅛ de cucharadita de nuez moscada molida
- ⅛ de cucharadita de jengibre molido

Instrucciones para la Preparación:
Si lo prefieres, puedes usar nueces pecanas o anacardos en lugar de nueces.

Sugerencias para Servir:
Sirve con una taza de té para saborear un delicioso postre de Pascua.

INSTRUCCIONES:
1. Agrega las nueces, mantequilla de coco, zanahorias ralladas y la mitad del coco rallado a un procesador de alimentos o a una licuadora de alta velocidad y mezcla hasta que estén bien integrados.
2. Agrega el resto de los ingredientes menos el coco rallado y mezcla hasta que se integren bien.
3. Enfría durante 15 minutos en el refrigerador.
4. Forma bolitas del tamaño de un bocado y cúbrelas con el coco rallado restante sin azúcar.
5. Disfruta y guarda las sobras en el refrigerador o el congelador.

Información Nutricional:
Carbohidratos: 11 g
Fibra: 6 g
Carbohidratos Netos: 5 g
Grasa: 29 g
Proteína: 5 g
Calorías: 320

Vasos de Mantequilla
DE ALMENDRA

Nivel de Dificultad: 2 | 20 minutos (más el tiempo de refrigeración) | 3 minutos | 10 porciones (1 vaso de mantequilla de almendras por porción) $$

INGREDIENTES:

Cobertura de Chocolate:
- 1 taza de chispas de chocolate oscuro sin azúcar
- 2 cucharadas de aceite de coco
- ½ cucharadita de sal de mar

Relleno de Mantequilla de Almendras:
- ¼ de taza de mantequilla de almendras sin azúcar
- 1 cucharadita de estevia en polvo
- 1 cucharadita de extracto puro de vainilla
- 1 cucharada de harina de coco

INSTRUCCIONES:

1. Pon los mini moldes para panquecitos sobre una bandeja para hornear y reserva.
2. Haz la cobertura de chocolate agregando el aceite de coco a una olla a fuego lento. Derrite el aceite y luego agrega las chispas de chocolate y la sal.
3. Revuelve la mezcla continuamente hasta que se derrita por completo.
4. Una vez derretida, coloca aproximadamente 1 cucharadita de la mezcla de chocolate en los mini moldes para panquecitos para cubrir el fondo. Mételos en el congelador durante unos 15 minutos o hasta que estén firmes.
5. Mientras el chocolate se endurece, prepara el relleno de mantequilla de almendras agregando la mantequilla de almendras, la vainilla y la estevia a un tazón, y revuelve.
6. Agrega la harina de coco y mezcla bien.
7. Una vez que el chocolate se haya endurecido, agrega aproximadamente una cucharadita del relleno de mantequilla de almendras a los mini moldes para panquecitos y cubre con aproximadamente 2 cucharaditas más de la mezcla de chocolate derretido.
8. Congela por otros 15-20 minutos o hasta que se endurezca.
9. Guarda en el refrigerador o congelador hasta que se puedan disfrutar.

Información Nutricional:

Carbohidratos: 9 g **Grasa:** 19 g

Fibra: 4 g **Proteína:** 4 g

Carbohidratos Netos: 5 g **Calorías:** 230

BOCADILLOS SALADOS DE
Limón y Coco

INGREDIENTES:
- 1 taza de queso crema
- 4 cucharadas de ghee, suavizado
- 10 gotas de estevia líquida
- 1 cucharada de jugo de limón recién exprimido
- ½ taza de coco rallado sin azúcar

Nivel de Dificultad: 1 | 15 minutos (más el tiempo de refrigeración) | 0 minutos | 14 porciones (1 bocadillo por porción) $$

SG

INSTRUCCIONES:
1. Agrega el queso crema, ghee y estevia a una licuadora de alta velocidad o procesador de alimentos y bate hasta que la mezcla esté esponjosa.
2. Agrega el jugo de limón y vuelve a batir.
3. Con una cuchara agrega la mezcla a los mini moldes para magdalenas de silicón y espolvorea con el coco rallado.
4. Congela durante aproximadamente 1 hora antes de disfrutarlos.
5. Guarda las sobras en el refrigerador.

Instrucciones para la Preparación:
Puedes usar mantequilla en lugar de ghee si lo prefieres.

Sugerencias para Servir:
Sirve con una cucharada de crema batida si lo deseas.

Información Nutricional:

Carbohidratos: 1 g

Fibra: 0 g

Carbohidratos Netos: 1 g

Grasa: 10 g

Proteína: 1 g

Calorías: 100

Brownies y Pastel

Brownies PARA EL DÍA DE SAN PATRICIO

Nivel de Dificultad: 2 | 15 minutos | 30-35 minutos | 8 porciones (1 brownie por porción) $$

INGREDIENTES:

- 2 tazas de harina de almendras
- 2 huevos
- 1 barra de mantequilla derretida (usa aceite de coco para hacer la versión paleo)
- ¼ de taza de cacao puro en polvo sin azúcar
- 1 cucharadita de extracto de menta pura
- 1 cucharadita de estevia en polvo
- 1 cucharadita de polvo para hornear sin gluten y sin aluminio
- ⅛ de cucharadita de sal de mar
- 2 cucharadas de agua

Glaseado de Menta:

- 1 taza de queso crema batido (usa crema entera de coco sin azúcar para hacer la versión paleo)
- 1 gota de estevia líquida
- 1 cucharadita de colorante alimenticio verde de origen vegetal (sin colorantes artificiales)

Instrucciones para la Preparación:

Puedes agregar ¼ de taza de chispas de chocolate oscuro sin azúcar a la masa para darle un sabor más rico.

Sugerencias para Servir:

Sirve con una taza de café o té.

INSTRUCCIONES:

1. Precalienta el horno a 180°C y forra un molde para hornear de 23x33 cm con papel pergamino.
2. Agrega los huevos a un tazón y bátelos.
3. Agrega la mantequilla, el extracto de menta y la estevia. Mezcla bien.
4. Agrega la harina de almendras, el polvo para hornear, la sal de mar y el agua. Mezcla bien.
5. Vierte la mezcla en el molde para hornear forrado y hornea durante 30-35 minutos o hasta que cuando insertes un palillo en el centro salga limpio.
6. Mientras los brownies se están horneando, prepara el glaseado de menta agregando el queso crema batido a un tazón con el colorante alimenticio verde, el extracto de menta y la estevia. Con una batidora de mano, bate hasta que se forme una consistencia esponjosa.
7. Una vez que los brownies estén fríos, cúbrelos con el glaseado y luego córtalos en 8 cuadrados.
8. Guarda las sobras en el refrigerador.

Información Nutricional:

Carbohidratos: 5 g   **Grasa:** 17 g
Fibra: 2 g   **Proteína:** 8 g
Carbohidratos Netos: 3 g   **Calorías:** 192

Pastel De Cumpleaños
CON CHISPAS DE COLORES DIVERTIDOS

INGREDIENTES:

Para las Chispas:

- ½ taza de coco rallado sin azúcar
- Varios colorantes alimenticios de origen vegetal.

Para el Pastel:

- 2 tazas de harina de almendras finamente molida
- 2 huevos
- 2 tazas de queso crema batido
- ¼ de taza de leche de almendras sin azúcar
- 1 barra de mantequilla derretida
- 1 cucharadita de extracto puro de vainilla
- ¼ de taza de Swerve
- 1 cucharadita de polvo para hornear
- Aceite de coco para engrasar

Para la Crema Batida:

- 2 tazas de crema espesa para batir
- 1 gota de estevia líquida
- 1 cucharadita de extracto puro de vainilla

Instrucciones para la Preparación:

Siéntete libre de usar cualquier edulcorante bajo en calorías que prefieras en la receta del pastel.

Sugerencias para Servir:

Sirve con un vaso de leche de almendras sin azúcar.

Nivel de Dificultad: 3 | 20 minutos | 25-30 minutos | 18 porciones (1 rebanada por porción) $$

SG

INSTRUCCIONES:

1. Precalienta tu horno a 180°C y engrasa un molde grande para pan con aceite de coco.
2. Haz las chispas de colores divertidos dividiendo el coco rallado en tantos tazones diferentes como quieras, dependiendo de la cantidad de colores que elijas utilizar. Usa alrededor de 3-4 gotas de colorante alimenticio por tazón y revuelve para cubrir el coco rallado por completo. Reserva.
3. Agrega la harina de almendras, el swerve y el polvo para hornear a un tazón. Bate hasta integrarlos bien y luego reserva.
4. En un tazón aparte, agrega los huevos, la mantequilla derretida, el queso crema batido, la vainilla y la leche de almendras y bate bien.
5. Vierte la mezcla seca en la mezcla de huevo y revuelve hasta que se integren bien.
6. Agrega las chispas de manera envolvente y revuelve bien.
7. Vierte la mezcla en el molde para hornear y hornea durante 25-30 minutos o o hasta que cuando insertes un palillo en el centro salga limpio.
8. Mientras se hornea el pastel, prepara la crema batida agregando todos los ingredientes a un procesador de alimentos y procesa hasta que se forme una consistencia similar a la de la crema batida. Guarda la mezcla en el refrigerador hasta que esté lista para su uso.
9. Deja que se enfríe el pastel y luego sirve con crema batida inmediatamente antes de servir.

Información Nutricional:

Carbohidratos: 6 g
Grasa: 22 g
Fibra: 1 g
Proteína: 4 g
Carbohidratos Netos: 5 g
Calorías: 216

Delicias Frías

Batido de Mantequilla
DE ALMENDRAS CON VAINILLA Y SAL DE MAR

Nivel de Dificultad: 1 | 5 minutos | 0 minutos | 2 porciones aprox. ½ taza por porción) $$

INGREDIENTES:
- 1 taza de leche de almendras sin azúcar
- 2 cucharadas de mantequilla de almendras
- 1 cucharadita de extracto puro de vainilla
- 1 gota de estevia líquida con sabor a crema de vainilla
- 1 pizca de sal de mar

INSTRUCCIONES:
1. Agrega todos los ingredientes a una licuadora de alta velocidad y mezcla hasta que tenga una consistencia suave.
2. Disfruta de inmediato.

Instrucciones para la Preparación:
Si no estás evitando los lácteos, puedes usar ½ taza de crema espesa y 1 taza de leche entera en esta receta.

Sugerencias para Servir:
Sirve con una cucharada de crema batida sin azúcar si lo deseas.

Información Nutricional:

Carbohidratos: 4 g **Grasa:** 11 g

Fibra: 2 g **Proteína:** 4 g

Carbohidratos Netos: 2 g **Calorías:** 124

Recetas de Primavera

Sundae
DE HELADO DE FRAMBUESA

INGREDIENTES:
- 1 lata de crema de coco entera sin azúcar
- ¼ de taza de frambuesas congeladas
- 1 cucharadita de extracto puro de vainilla
- 1 cucharadita de estevia líquida

Coberturas:
- 4 cucharadas de jarabe de chocolate sin azúcar
- ¼ de taza de nueces

INSTRUCCIONES:
1. Agrega la crema de coco, las frambuesas, la vainilla y la estevia a una licuadora de alta velocidad y mezcla hasta que quede suave.
2. Cubre con el jarabe de chocolate sin azúcar y los trozos de nuez, y sirve.

Instrucciones para la Preparación:
Puedes usar fresas en lugar de frambuesas si lo prefieres.

Sugerencias para Servir:
Sirve con una cucharada de crema batida si lo deseas.

Información Nutricional:
Carbohidratos: 6 g
Fibra: 1 g
Carbohidratos Netos: 5 g
Grasa: 15 g
Proteína: 3 g
Calorías: 170

Yogur DE FRESA Y MENTA

Nivel de Dificultad: 1 | 10 minutos (más el tiempo de refrigeración) | 0 minutos | 6 porciones (aprox. ⅓ de taza por porción) $$

INGREDIENTES:

- 2 tazas de yogur griego sin azúcar entero (usa yogur de leche de coco sin azúcar entero para hacer la versión paleo)
- 1 taza de fresas
- 1 cucharadita de hojas de menta recién picadas
- 1 cucharadita de extracto puro de vainilla

INSTRUCCIONES:

1. Agrega todos los ingredientes a una licuadora de alta velocidad y mezcla hasta que tenga una consistencia suave.
2. Enfría en el refrigerador 1 hora antes de servirlo.
3. Disfruta y guarda las sobras bien tapadas en el refrigerador.

Instrucciones para la Preparación:

Puedes usar frambuesas o arándanos en esta receta si lo prefieres.

Sugerencias para Servir:

Sirve con una cucharada de crema batida si lo deseas.

Información Nutricional:

Carbohidratos: 5 g

Fibra: 1 g

Carbohidratos Netos: 4 g

Grasa: 3 g

Proteína: 7 g

Calorías: 80

Recetas de Primavera

PUDIN DE PASTEL DE CREMA DE COCO INSPIRADO EN EL
Día de Pascua

Nivel de Dificultad: 1 | 15 minutos (más el tiempo de refrigeración) | 0 minutos | 6 porciones (aprox. ½ taza por porción) $$

INGREDIENTES:

- 2 tazas de leche entera de coco sin azúcar
- 1 taza de crema espesa (usa otra 1 taza de leche entera de coco sin azúcar para hacer la versión paleo)
- 2 cucharadas de ghee derretido
- ½ taza de eritritol
- 1 taza de coco rallado sin azúcar, dividido
- 1 cucharadita de extracto puro de vainilla

INSTRUCCIONES:

1. Agrega la leche de coco, la crema espesa, la vainilla y el ghee derretido a un procesador de alimentos y mezcla hasta que quede suave.
2. Agrega el eritritol y ½ taza de coco rallado.
3. Enfría por 1 hora.
4. Una vez frío, divídelo entre 6 tazas y cubre con el coco rallado adicional y sirve.

Instrucciones para la Preparación:

Si lo prefieres, puedes usar 1 gota de estevia líquida en lugar del eritritol.

Sugerencias para Servir:

Sirve con una cucharada de crema batida si lo deseas.

Información Nutricional:

Carbohidratos: 7 g
Fibra: 3 g
Carbohidratos Netos: 4 g
Grasa: 35 g
Proteína: 3 g
Calorías: 340

PUDIN DE
Tarta de Limón

INGREDIENTES:

- 1 taza de leche entera de coco sin azúcar
- 2 cucharadas de crema ácida (usa crema de coco para hacer la versión paleo)
- 1 cucharada de eritritol (usa jarabe de maple puro para hacer la versión paleo)
- ¼ de taza de jugo de limón recién exprimido
- 1 cucharadita de extracto puro de vainilla
- ½ taza de coco rallado sin azúcar
- 1 taza de nueces, procesadas hasta que parezcan moronas

INSTRUCCIONES:

1. Comienza agregando las nueces a un procesador de alimentos y procesa hasta que parezcan moronas. Reserva.
2. Agrega todos los ingredientes menos el coco rallado sin azúcar a una licuadora o procesador de alimentos y procesa hasta que esté cremoso.
3. Divide las nueces desmoronadas en el fondo de 6 tazones y luego divide la mezcla de limón entre ellos.
4. Cubre con el coco rallado.
5. Enfría durante 15 a 30 minutos antes de servir.

Instrucciones para la Preparación:

Puedes usar queso crema en lugar de crema ácida si lo prefieres.

Sugerencias para Servir:

Sirve con una cucharada de crema batida si lo deseas.

Información Nutricional:

Carbohidratos: 8 g

Fibra: 3 g

Carbohidratos Netos: 5 g

Grasa: 25 g

Proteína: 6 g

Calorías: 255

BATIDO CON MASA DE
Brownie y Pistache

Nivel de Dificultad: 1 | 5 minutos | 0 minutos | 2 porciones $$

SG

INGREDIENTES:

- ½ taza de crema espesa (usa leche de coco para hacer la versión paleo)
- ½ taza de leche de almendras sin azúcar
- 3 gotas de estevia líquida
- 2 cucharadas de cacao puro en polvo sin azúcar
- 1 cucharada de granos de cacao
- 2 cucharadas de pistaches tostados sin sal

INSTRUCCIONES:

1. Agrega todos los ingredientes a una licuadora de alta velocidad y mezcla hasta que tenga una consistencia suave.
2. Sirve de inmediato.

Instrucciones para la Preparación:

Puedes usar cualquier edulcorante bajo en carbohidratos de tu elección.

Sugerencias para Servir:

Sirve con una cucharada de crema batida si lo deseas.

Información Nutricional:
Carbohidratos: 6 g
Fibra: 3 g
Carbohidratos Netos: 3 g
Grasa: 16 g
Proteína: 3 g
Calorías: 165

Bombas de Grasa

VALENTINAS ROJAS

Porciones : 12
Tiempo de Preparación : 5 minutos
Tiempo de Cocción : Ninguno
Tiempo de congelación : 2 horas

CONSEJO ADICIONAL
Si no tienes manga pastelera o no sabes cómo usarla, simplemente consigue una bandeja flexible para hacer hielos. Vacía la mezcla en los compartimentos de hielo y congela. Así puedes lograr obtener formas lindas para que sean más divertidas.

INGREDIENTES:

- 60 ml de leche mitad y mitad
- 4 fresas picadas
- 4 cerezas deshuesadas
- 4 cucharadas de aceite de coco
- 4 cucharadas de mantequilla de vacas alimentadas con pasto
- Estevia al gusto

INSTRUCCIONES:

1. Agrega las fresas picadas y las cerezas a un procesador de alimentos de alta velocidad. Pulsa hasta que se vuelvan puré.
2. Agrega la leche mitad y mitad y la estevia. Mezcla hasta que todo se integre bien.
3. Derrite la mantequilla a baño maría o en el microondas y agrega a la mezcla. También agrega el aceite de coco y mezcla bien.
4. Agrega la mezcla a una manga pastelera. Vierte una porción en una bandeja para hornear y congélelas unas cuantas horas.
5. Mantenlas guardadas el congelador y disfrútalas conforme vaya siendo necesario.

INFORMACIÓN NUTRICIONAL (POR PORCIÓN)
Calorías: 78   Grasas: 9 g   Proteínas: 0 g   Carbohidratos Totales: 1 g   Fibra Dietética: 0 g   Carbohidratos Netos: 0 g

Recetas de Primavera

BOMBAS DE CHOCOLATE Y COCO

Porciones : 12
Tiempo de Preparación : 20 minutos
Tiempo de Cocción : Ninguno
Tiempo de congelación : 1 hora

CONSEJO ADICIONAL

También puedes agregar alrededor de ½ taza de coco rallado para darle algo de textura

INGREDIENTES:

- 1 taza de aceite de coco (sólido)
- ½ taza de cacao oscuro en polvo
- 1 cucharadita de extracto de menta
- ½ cucharadita de extracto de vainilla
- 5 gotas de estevia
- Una pizca de sal

INSTRUCCIONES:

1. Agrega todos los ingredientes a un procesador de alimentos y mezcla hasta que se integren.
2. Usa una cucharita para depositar las cucharadas de la mezcla en el papel pergamino.
3. Refrigera hasta que se solidifiquen y mantenlas refrigeradas.

INFORMACIÓN NUTRICIONAL (POR PORCIÓN)

Calorías: 126   Grasas: 14 g   Proteínas: 0 g   Carbohidratos Totales: 0 g   Fibra Dietética: 0 g   Carbohidratos Netos: 0 g

EXPLOSIÓN DE MANTEQUILLA DE MANÍ

Porciones : 12
Tiempo de Preparación : 10 minutos
Tiempo de Cocción : Ninguno
Tiempo de refrigeración: 30 minutos

CONSEJO ADICIONAL

También puedes usar mantequilla de almendras o mantequilla de avellanas en lugar de mantequilla de maní.

INGREDIENTES:

- ¼ de taza de mantequilla de maní cremosa sin azúcar
- 2 cucharadas de mantequilla de vacas alimentadas con pasto o de mantequilla clarificada (ghee)
- 1 cucharada de aceite de coco
- 2-3 gotas de estevia
- ½ taza de coco rallado sin azúcar
- 1 taza de harina de coco tamizada
- ¼ de cucharadita de sal
- ½ taza de maní triturado

INSTRUCCIONES:

1. Comienza agregando la mantequilla de maní, mantequilla o ghee, aceite de coco y la estevia a una olla a fuego bajo/medio y bate hasta que se todo se derrita.
2. Agrega el coco sin azúcar, la harina de coco y la sal. Revuelve hasta que todo se integre bien.
3. Pasa la mezcla a un tazón y mételo tapado al refrigerador durante 30 minutos.
4. Mientras la mezcla se está enfriando, agrega el maní triturado a un tazón y reserva.
5. Una vez que la mezcla esté fría, forma las bolas y luego cúbrelas con el maní triturado.
6. Guarda lo que sobre bien tapado en el refrigerador.

INFORMACIÓN NUTRICIONAL (POR PORCIÓN)

Calorías: 93   Grasas: 9 g   Proteínas: 2 g   Carbohidratos: 3 g   Carbohidratos Netos: 2 g   Fibra: 1 g

Recetas de Primavera

CRÁTERES DE QUESO CREMA

Porciones : 12
Tiempo de Preparación : 5 minutos
Tiempo de Cocción : Ninguno
Tiempo de congelación : 3 horas

CONSEJO ADICIONAL
También puedes usar queso mascarpone en lugar de queso crema.

INGREDIENTES:

- ½ taza de queso crema entero
- ½ taza de nueces picadas o de la nuez de tu elección
- ½ taza de chocolate oscuro rallado
- Estevia al gusto

PARA EL RELLENO:

- 4 cucharadas de mantequilla de vacas alimentadas con pasto
- 2 cucharadas de café expreso en polvo
- 2 cucharadas de crema espesa
- Estevia al gusto

INSTRUCCIONES:

1. Suaviza el queso crema y mézclalo con el chocolate oscuro, las nueces picadas y la estevia.
2. Toma 12 mini moldes para magdalenas y cubre los lados con la mezcla para formar un cráter.
3. Mételos al congelador durante aproximadamente 2 horas.
4. Mientras tanto, derrite la mantequilla y mézclala con la crema espesa. Agrega de forma envolvente el resto de los ingredientes del relleno.
5. Saca los cráteres del congelador y llena cada uno con una pequeña cantidad del relleno.
6. Guárdalos en el refrigerador y disfrútalos cuando quieras.

INFORMACIÓN NUTRICIONAL (POR PORCIÓN)

Calorías: 100   Grasas: 10 g   Proteínas: 2 g   Carbohidratos Totales: 2 g   Fibra Dietética: 0 g   Carbohidratos Netos: 2 g

BOCADILLOS SALADOS DE SALMÓN

Porciones: 12   Tiempo de preparación: 5 minutos   Tiempo de cocción: Ninguno   Tiempo de congelación: Ninguno

INGREDIENTES:

- 50 g de salmón ahumado en tiras
- 1 taza de queso mascarpone
- ⅔ de taza de mantequilla de vacas alimentadas con pasto (suavizada)
- 1 cucharada de vinagre de sidra de manzana
- 1 cucharada de perejil fresco picado
- Sal al gusto

INSTRUCCIONES:

1. Suaviza el queso con un tenedor y mézclalo con el vinagre, el perejil y la sal.
2. Agrega la mantequilla y las tiras de salmón y mezcla bien.
3. Forma bolitas con la mezcla y acomódalas en el papel pergamino.
4. Refrigera hasta que estén firmes.

CONSEJO ADICIONAL

Haz la prueba de usar caballa en lugar del salmón para darle un sabor diferente.

INFORMACIÓN NUTRICIONAL (POR PORCIÓN)

Calorías: 117   Grasas: 13 g   Proteínas: 3 g   Carbohidratos Totales: 1 g   Fibra Dietética: 0 g   Carbohidratos Netos: 1 g

DULCE DE LECHE DE CHOCOLATE Y COCO

Porciones : 12
Tiempo de Preparación : 10 minutos
Tiempo de Cocción : Ninguno
Tiempo de congelación : Durante toda la noche

CONSEJO ADICIONAL

Añade algunas nueces picadas para darle un sabor a nuez.

INGREDIENTES:

- ⅓ de taza de chispas de chocolate oscuro
- ½ taza de cacao en polvo
- ½ taza de aceite de coco
- ¼ de taza de leche de coco entera
- 1 cucharadita de extracto de vainilla
- Estevia al gusto

INSTRUCCIONES:

1. Derrite el aceite de coco y agrégalo a la licuadora.
2. Agrega el resto de los ingredientes y mezcla hasta que obtengas una consistencia suave y cremosa.
3. Forra un molde para pan con papel pergamino y vierte la mezcla.
4. Déjalo congelar toda la noche.
5. Córtalo en cuadrados pequeños y guárdalo en el refrigerador.

INFORMACIÓN NUTRICIONAL (POR PORCIÓN)

Calorías: 78   Grasas: 8 g   Proteínas: 1 g   Carbohidratos Totales: 4 g   Fibra Dietética: 1 g   Carbohidratos Netos: 3 g

VASOS DE MATCHA Y
CHOCOLATE OSCURO

Porciones: 12   Tiempo de preparación: 10 minutos   Tiempo de cocción: Ninguno   Tiempo de congelación: 2 horas

INGREDIENTES:

- 280 gramos de chispas de chocolate oscuro
- ¼ de taza de mantequilla de vacas alimentadas con pasto
- ½ cucharada de té verde matcha en polvo
- 2 cucharaditas de aceite de coco
- Estevia al gusto

INSTRUCCIONES:

1. Derrite las chispas de chocolate a baño maría y agrégalas al aceite de coco.
2. Engrasa o forra un molde para hornear panquecitos y aplica la mezcla de chocolate en los costados de cada cavidad con ayuda de una brocha.
3. Mete el molde al congelador durante aproximadamente una hora.
4. Mientras tanto, suaviza la mantequilla y mézclala con la matcha en polvo y la estevia.
5. Cuando las cortezas de los vasos estén firmes, retíralos del congelador y agrega la mezcla de matcha con una cuchara.
6. Guárdalos en el refrigerador y consúmelos cuando sea necesario.

CONSEJO ADICIONAL
Puedes agregar más polvo de matcha si deseas un sabor más fuerte.

INFORMACIÓN NUTRICIONAL (POR PORCIÓN)

Calorías: 135   Grasas: 14 g   Proteínas: 1 g   Carbohidratos Totales: 3 g   Fibra Dietética: 2 g   Carbohidratos Netos: 1 g

Recetas de Primavera

TARTA DE LIMÓN

Porciones : 12
Tiempo de Preparación : 5 minutos
Tiempo de Cocción : 7 minutos
Tiempo de congelación : 2 horas

CONSEJO ADICIONAL

Personalmente, me gusta rociarlos con abundante chocolate oscuro derretido en la parte superior. Complementa bien con el limón.

INGREDIENTES:

- 1 taza de harina de almendra
- 3 cucharadas de mantequilla
- 1 cucharada de canela molida
- ½ cucharadita de extracto de vainilla
- Estevia al gusto

PARA EL RELLENO:

- 110 gramos de queso crema entero
- ¼ de taza de aceite de coco
- 3 cucharadas de mantequilla de vacas alimentadas con pasto
- 2 limones
- Estevia al gusto
- Un puñado de espinacas baby
- (opcional - agrega color)

INSTRUCCIONES:

1. Mezcla los primeros cinco ingredientes para formar una masa quebrada o brisée.
2. Presiona esta mezcla en el fondo de 12 moldes para panquecitos y hornea por 7 minutos a 180°C.
3. Mientras la corteza se está horneando, exprime los limones y obtén ralladura de la cáscara.
4. Agrega todos los ingredientes del relleno a un procesador de alimentos y mezcla hasta que obtengas una consistencia suave.
5. Enfría las cortezas a temperatura ambiente y luego vierte esta mezcla en el centro. Congela hasta que estén firmes.

INFORMACIÓN NUTRICIONAL (POR PORCIÓN)

Calorías: 146   Grasas: 15 g   Proteínas: 3 g   Carbohidratos Totales: 2 g   Fibra Dietética: 1 g   Carbohidratos Netos: 1 g

DELICIOSO DULCE LECHE SAN PATRICIO

Porciones : 12
Tiempo de Preparación : 10 minutos
Tiempo de Cocción : Ninguno
Tiempo de congelación : Durante toda la noche

CONSEJO ADICIONAL

1. Usa moldes con forma de trébol para lograr una presentación divertida.
2. Incluye algunas nueces molidas para darle un sabor diferente.

INGREDIENTES:

- 280 gramos de aceite de coco
- 4 cucharadas de cacao en polvo
- 2 cucharadas de estevia granulada
- ½ cucharadita de extracto de menta

INSTRUCCIONES:

1. Mezcla todos los ingredientes e intégralos bien.
2. Vierte la mezcla en moldes o bandejas de hielo y refrigera durante toda la noche.
3. ¡Voilá! Están listas estas bombas de grasa fáciles y deliciosas.

INFORMACIÓN NUTRICIONAL (POR PORCIÓN)

Calorías: 206   Grasas: 24 g   Proteínas: 0 g   Carbohidratos Totales: 0 g   Fibra Dietética: 0 g   Carbohidratos Netos: 0 g

BOCADITOS DE HINOJO Y ALMENDRAS

Porciones: 12   Tiempo de preparación: 5 minutos   Tiempo de cocción: Ninguno   Tiempo de congelación: 3 horas

INGREDIENTES:

- ¼ de taza de leche de almendras
- ¼ de taza de aceite de almendras
- ¼ de taza de cacao en polvo
- 1 cucharadita de semillas de hinojo
- 1 cucharadita de extracto de vainilla (opcional)
- Una pizca de sal

INSTRUCCIONES:

1. Mezcla la leche de almendras y el aceite de almendras y bate hasta que esté suave y brillante. Usa una batidora eléctrica para que obtengas resultados más rápidos.
2. Agrega y mezcla el resto de los ingredientes.
3. Vierte la mezcla en una manga pastelera y usa tu creatividad para crear diferentes formas. Asegúrate de usar papel pergamino como base de lo contrario podrían pegarse.
4. Congela por 3 horas y luego mantenlos guardados en el refrigerador.

CONSEJO ADICIONAL
También puedes usar leche de coco y aceite de coco en lugar de almendra.

INFORMACIÓN NUTRICIONAL (POR PORCIÓN)

Calorías: 172   Grasas: 20 g   Proteínas: 1 g   Carbohidratos Totales: 1 g   Fibra Dietética: 1 g   Carbohidratos Netos: 0 g

BOMBAS DE CHOCOLATE BLANCO

Porciones : 12
Tiempo de Preparación : 15 minutos
Tiempo de Cocción : 5 minutos
Tiempo de congelación : 1 hora

CONSEJO ADICIONAL

¡Prueba diferentes tipos de chocolate para crear una gran variedad de bombas!

INGREDIENTES:

- 110 gramos de manteca de cacao
- 1 ½ tazas de nueces o nueces pecanas picadas
- 6 cucharadas de mantequilla de vacas alimentadas con pasto
- 6 cucharadas de aceite de coco
- ¾ de cucharadita de extracto de vainilla
- ⅛ de cucharadita de sal de mar
- Estevia al gusto

COBERTURA DE CHOCOLATE:

- 7 gramos de manteca de cacao
- 28 gramos de chocolate blanco para hornear, sin azúcar
- ⅛ de cucharadita de extracto de stevia
- ⅛ de cucharadita de extracto de vainilla

INSTRUCCIONES:

1. Derrite la mantequilla, el cacao en polvo y el aceite de coco a baño maría. Mezcla bien.
2. Agrega el resto de los ingredientes (los que no son de la cubierta de chocolate) y mezcla bien.
3. Vierte la mezcla en tus moldes favoritos/molde para magdalenas y mételo(s) en el refrigerador durante la noche.
4. Para preparar la cobertura de chocolate blanco, derrite el chocolate y la mantequilla a baño maría, luego agrega la vainilla y la estevia.
5. Retira la base de los moldes y sumerge en la cobertura de chocolate. Luego déjalas en el refrigerador durante 2-3 horas para que queden firmes.

INFORMACIÓN NUTRICIONAL (POR PORCIÓN)

Calorías: 287   Grasas: 30 g   Proteínas: 1 g   Carbohidratos Totales: Menos de 1 g   Fibra Dietética: 0 g   Carbohidratos Netos: Menos de 1 g

Recetas de Primavera

BOLAS CREMOSAS DE AGUACATE Y TOCINO

Porciones: 12   Tiempo de preparación: 10 minutos   Tiempo de cocción: 15 minutos   Tiempo de congelación: Ninguno

INGREDIENTES:

- 1 aguacate
- 1 chile
- 1 cebolla
- ½ taza de mantequilla de vacas alimentadas con pasto
- 4 rebanadas de tocino
- 1 cucharada de jugo de limón fresco
- ¼ de cucharadita de sal de mar
- Una pizca de pimienta

INSTRUCCIONES:

1. Pica las cebollas y los chiles (no los uses si prefieres un sabor más suave).
2. Fríe el tocino en su propia grasa hasta que esté crujiente.
3. Corta el aguacate en cubitos.
4. Agrega todos los ingredientes, incluyendo la grasa de tocino (no el tocino en sí), a un procesador de alimentos y mezcla hasta que obtengas una consistencia suave.
5. Pica el tocino e intégralo a la mezcla cremosa.
6. Pon cucharadas de esta mezcla en papel pergamino.
7. Refrigera por 2-3 horas.
8. Sirve cuando estén firmes.

CONSEJO ADICIONAL

Si no eres fanático de la comida picante, usa un chile menos picoso o no lo uses.

INFORMACIÓN NUTRICIONAL (POR PORCIÓN)

Calorías: 156   Grasas: 15 g   Proteínas: 3 g   Carbohidratos Totales: 3 g   Fibra Dietética: 1 g   Carbohidratos Netos: 1 g

MACARRONES

Porciones: 12   Tiempo de preparación: 10 minutos   Tiempo de cocción: 15 minutos   Tiempo de congelación: Ninguno

INGREDIENTES:

- ½ taza de coco rallado
- ¼ de taza de harina de almendras
- 1 cucharada de aceite de coco
- 1 cucharadita de extracto de vainilla
- 3 claras de huevo
- Estevia al gusto

INSTRUCCIONES:

1. Tamiza todos los ingredientes secos.
2. Derrite el aceite de coco y luego agrega el extracto de vainilla.
3. Vierte el aceite de coco en la mezcla seca e integra muy bien.
4. Bate las claras de huevo hasta que se formen picos rígidos.
5. Agrega de forma envolvente en la otra mezcla.
6. Pon cucharadas de la mezcla en una bandeja para hornear forrada con papel pergamino.
7. Hornea por 8 minutos a 200°C.
8. Enfría y ¡disfruta!

CONSEJO ADICIONAL

Si tienes problemas para que las claras de huevo formen picos rígidos, usa un tazón frío y mucha paciencia.

INFORMACIÓN NUTRICIONAL (POR PORCIÓN)

Calorías: 46   Grasas: 5 g   Proteínas: 2 g   Carbohidratos Totales: Menos de 1 g   Fibra Dietética: 0 g
Carbohidratos Netos: Menos de 1 g

VERANO

Bombas de Grasa y Mousse

BOMBAS DE GRASA CONGELADAS DE
Masa de Galletas

INGREDIENTES:

- 1 taza de anacardos
- ½ taza de mantequilla de coco
- 1 cucharadita de extracto puro de vainilla
- 10 gotas de estevia líquida sabor vainilla
- ¼ de cucharadita de sal de mar
- 4 cucharadas de chispas de chocolate oscuro sin azúcar

INSTRUCCIONES:

1. Agrega los anacardos y la mantequilla de coco a un procesador de alimentos o licuadora de alta velocidad y procesa hasta que los anacardos estén finamente molidos.
2. Agrega la vainilla, la estevia y la sal, y mezcla hasta que se integren bien.
3. Agrega de forma envolvente las chispas de chocolate.
4. Congela durante 20 minutos y luego forma bolitas del tamaño de un bocado.
5. Guarda en el refrigerador o congelador hasta que se puedan disfrutar.

Instrucciones para la Preparación:

Se pueden usar granos de cacao en lugar de las chispas de chocolate oscuro.

Sugerencias para Servir:

Cubre cada bomba de grasa con una cucharada de crema batida sin azúcar si lo deseas.

Nivel de Dificultad: 1 | 10 minutos (más el tiempo de refrigeración) | 0 minutos | 14 porciones (1 bomba de grasa por porción) $$

Información Nutricional:

Carbohidratos: 9 g

Fibra: 4 g

Carbohidratos Netos: 5 g

Grasa: 19 g

Proteína: 3 g

Calorías: 206

BOMBAS DE GRASA CON TROZOS Grandes de Brownie

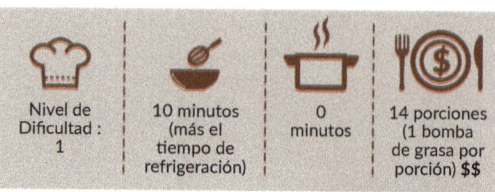

Nivel de Dificultad: 1 | 10 minutos (más el tiempo de refrigeración) | 0 minutos | 14 porciones (1 bomba de grasa por porción) $$

SG SL P

INGREDIENTES:

- 1 taza de almendras crudas
- 2 cucharadas de cacao puro en polvo sin azúcar
- ½ taza de mantequilla de coco
- 1 cucharadita de extracto puro de vainilla
- 10 gotas de estevia líquida sabor vainilla
- ¼ de cucharadita de sal de mar
- 4 cucharadas de chispas de chocolate oscuro sin azúcar

Instrucciones para la Preparación:

Se pueden usar granos de cacao en lugar de las chispas de chocolate oscuro.

Sugerencias para Servir:

Cubre cada bomba de grasa con una cucharada de crema batida sin azúcar si lo deseas.

INSTRUCCIONES:

1. Agrega las almendras crudas y la mantequilla de coco a un procesador de alimentos o licuadora de alta velocidad y procesa hasta que las almendras estén finamente molidas.
2. Agrega la vainilla, la estevia y la sal, y mezcla hasta que se integren bien.
3. Agrega de forma envolvente las chispas de chocolate.
4. Congela durante 20 minutos y luego forma bolitas del tamaño de un bocado.
5. Guarda en el refrigerador o congelador hasta que se puedan disfrutar.

Información Nutricional:

Carbohidratos: 8 g **Grasa:** 18 g
Fibra: 5 g **Proteína:** 3 g
Carbohidratos Netos: 3 g **Calorías:** 191

MOUSSE
de Fresa

Nivel de Dificultad: 1 | 10 minutos (más el tiempo de refrigeración) | 0 minutos | 4 porciones (aprox. ½ taza por porción) $$

INGREDIENTES:

- 1 taza de leche entera de coco sin azúcar
- 1 taza de crema espesa
- ½ taza de fresas congeladas
- 1 cucharadita de extracto puro de vainilla
- 2 cucharaditas de Swerve
- 1 cucharada de jugo de limón recién exprimido

INSTRUCCIONES:

1. Agrega todos los ingredientes a una licuadora o procesador de alimentos y mezcla hasta que quede cremoso.
2. Divide entre 4 tazones y enfría durante 1 hora antes de servir.
3. Enfría durante 15 a 30 minutos antes de servir.

Instrucciones para la Preparación:

Puedes usar 1 taza adicional de leche de coco en lugar de la crema espesa si estás evitando los lácteos.

Sugerencias para Servir:

Sirve con coco rallado sin azúcar si lo deseas.

Información Nutricional:

Carbohidratos: 5 g

Fibra: 0 g

Carbohidratos Netos: 5 g

Grasa: 15 g

Proteína: 1 g

Calorías: 148

Recetas de Verano

Delicias Frías

BATIDO DE MANTEQUILLA DE
Maní con Chocolate
SÚPER CREMOSO

INGREDIENTES:

- ½ taza de leche de almendras sin azúcar
- ¼ de taza de leche de coco
- 1 cucharada de cacao en polvo
- 2 cucharadas de mantequilla de maní
- 3 gotas de estevia líquida
- 1 cucharadita de extracto puro de vainilla

INSTRUCCIONES:

1. Agrega todos los ingredientes a una licuadora de alta velocidad y mezcla hasta que tenga una consistencia suave.
2. Sirve de inmediato.

Instrucciones para la Preparación:

Si no estás evitando los lácteos, puedes usar ½ taza de crema espesa y 1 taza de leche entera en esta receta.

Sugerencias para Servir:

Sirve con una cucharada de crema batida sin azúcar si lo deseas.

Nivel de Dificultad: 1 | 5 minutos | 0 minutos | 2 porciones (aprox. ½ taza por porción) $$

Información Nutricional:

Carbohidratos: 7 g

Fibra: 3 g

Carbohidratos Netos: 4 g

Grasa: 16 g

Proteína: 5 g

Calorías: 185

HELADO DECADENTE DE
Zarzamora (SIN BATIR)

INGREDIENTES:

- 1 taza de crema espesa
- 1 taza de crema ácida
- ½ taza de zarzamoras congeladas
- 10 gotas de estevia líquida sabor vainilla

INSTRUCCIONES:

1. Agrega todos los ingredientes a una licuadora de alta velocidad y mezcla hasta que tenga una consistencia suave.
2. Vierte en un recipiente grande de plástico y congela durante aproximadamente 4 horas o hasta que se solidifique.
3. Deja reposar a temperatura ambiente algunos minutos antes de servir.

Nivel de Dificultad: 1 | 5 minutos (más el tiempo de refrigeración) | 0 minutos | 8 porciones (aprox. ¼ de taza por porción) $$

Instrucciones para la Preparación:

Puedes usar cualquier baya de tu elección en esta receta.

Sugerencias para Servir:

Sirve con una cucharada de crema batida sin azúcar si lo deseas.

Información Nutricional:

Carbohidratos: 3 g   **Grasa:** 12 g

Fibra: 1 g   **Proteína:** 1 g

Carbohidratos Netos: 2 g   **Calorías:** 117

HELADO DE *Frambuesas y Crema* (SIN BATIR)

INGREDIENTES:

- 1 taza de crema espesa
- 1 taza de queso crema batido
- ½ taza de frambuesas congeladas
- 10 gotas de estevia líquida sabor vainilla
- 1 cucharadita de extracto puro de vainilla

INSTRUCCIONES:

1. Agrega todos los ingredientes a una licuadora de alta velocidad y mezcla hasta que tenga una consistencia suave.
2. Vierte en un recipiente grande de plástico y congela durante aproximadamente 4 horas o hasta que se solidifique.
3. Deja reposar a temperatura ambiente algunos minutos antes de servir.

Nivel de Dificultad: 1 | 5 minutos (más el tiempo de refrigeración) | 0 minutos | 8 porciones (aprox. ¼ de taza por porción) $$

Instrucciones para la Preparación:

Puedes usar las bayas de tu elección en esta receta.

Sugerencias para Servir:

Sirve con una cucharada de crema batida sin azúcar si lo deseas.

Información Nutricional:

Carbohidratos: 5 g **Grasa:** 16 g

Fibra: 1 g **Proteína:** 3 g

Carbohidratos Netos: 4 g **Calorías:** 171

"YOGUR" CONGELADO
Vegano de Mora Azul

INGREDIENTES:

- 2 latas de crema de coco sin azúcar
- ½ taza de moras azules congeladas
- 10 gotas de estevia líquida sabor vainilla
- 1 cucharadita de extracto puro de vainilla

INSTRUCCIONES:

1. Agrega todos los ingredientes a una licuadora de alta velocidad y mezcla hasta que tenga una consistencia suave.
2. Vierte en un recipiente grande de plástico y congela durante aproximadamente 4 horas o hasta que se solidifique.
3. Deja reposar a temperatura ambiente algunos minutos antes de servir.

Instrucciones para la Preparación:
Puedes usar las bayas de tu elección en esta receta.

Sugerencias para Servir:
Sirve con una cucharada de crema batida sin azúcar si lo deseas.

Nivel de Dificultad: 1 | 5 minutos (más el tiempo de refrigeración) | 0 minutos | 8 porciones $$

Información Nutricional:

Carbohidratos: 4 g

Fibra: 1 g

Carbohidratos Netos: 3 g

Grasa: 26 g

Proteína: 3 g

Calorías: 255

PALETAS DE "YOGUR" CONGELADO DE *Fresas y Crema*

INGREDIENTES:

- 1 taza de crema espesa
- 1 taza de crema ácida
- ½ taza de fresas congeladas
- 10 gotas de estevia líquida sabor vainilla

INSTRUCCIONES:

1. Agrega todos los ingredientes a una licuadora de alta velocidad y mezcla hasta que tenga una consistencia suave.
2. Vierte en 6 moldes de paletas y congela durante 4-6 horas o hasta que estén completamente endurecidas antes de servirlas.

Instrucciones para la Preparación:

Puedes usar las bayas de tu elección en esta receta.

Sugerencias para Servir:

Puedes mojar la parte superior de las paletas en chocolate oscuro sin azúcar derretido y ponerlas en el congelador durante 10 minutos para que sean aún más decadentes.

Nivel de Dificultad: 1 | 5 minutos (más el tiempo de refrigeración) | 0 minutos | 6 porciones (1 paleta por porción) $ $

SG

Información Nutricional:

Carbohidratos: 3 g

Fibra: 0 g

Carbohidratos Netos: 3 g

Grasa: 15 g

Proteína: 2 g

Calorías: 155

PALETAS DE CREMA DE *Naranja*

Nivel de Dificultad: 1 | 5 minutos (más el tiempo de refrigeración) | 0 minutos | 6 porciones (1 paleta por porción) $

SG

INGREDIENTES:

- 1 taza de crema espesa (usa leche entera de coco sin azúcar para hacer la versión paleo)
- ½ taza de leche de almendras sin azúcar
- ¼ de taza de jugo de naranja recién exprimido
- 10 gotas de estevia líquida sabor vainilla

INSTRUCCIONES:

1. Agrega todos los ingredientes a una licuadora de alta velocidad y mezcla hasta que tenga una consistencia suave.
2. Vierte en 6 moldes de paletas y congela durante 4-6 horas o hasta que estén completamente endurecidas antes de servirlas.

Instrucciones para la Preparación:

Puedes usar leche de coco en lugar de la crema espesa para hacer la versión sin lácteos.

Sugerencias para Servir:

Baña la paleta con jarabe de chocolate sin azúcar si lo deseas.

Información Nutricional:

Carbohidratos: 2 g

Fibra: 0 g

Carbohidratos Netos: 2 g

Grasa: 8 g

Proteína: 1 g

Calorías: 77

BATIDO SABROSO DE *Moca*

Nivel de Dificultad: 1 | 5 minutos | 0 minutos | 2 porciones (aprox. ½ taza por porción) $

SG

INGREDIENTES:

- 1 taza de crema espesa
- 2 cucharadas de mantequilla, derretida
- ½ taza de café preparado, frío
- 1 cucharada de mantequilla de almendras sin azúcar
- 1 cucharada de granos de cacao
- 1 puñado de hielo

- **Coberturas Opcionales:** Crema batida y jarabe de chocolate sin azúcar añadido

Instrucciones para la Preparación:

Usa leche de coco en lugar de la crema espesa y elimina la mantequilla para hacer la versión sin lácteos.

Sugerencias para Servir:

Sirve con una cucharada de crema batida.

INSTRUCCIONES:

1. Agrega todos los ingredientes a una licuadora de alta velocidad y mezcla hasta que tenga una consistencia suave.
2. Vierte en vasos y sirve.
3. Si los usas, cubre con crema batida y jarabe de chocolate sin azúcar añadida.

Información Nutricional:

Carbohidratos: 5 g   **Grasa:** 41 g
Fibra: 1 g   **Proteína:** 3 g
Carbohidratos Netos: 4 g   **Calorías:** 390

PALETAS DE CHISPAS DE
Chocolate y Coco

Nivel de Dificultad: 1 | 10 minutos (más el tiempo de refrigeración) | 0 minutos | 8 porciones (1 paleta por porción) $$

INGREDIENTES:

- 2 tazas de leche entera de coco sin azúcar
- ½ taza de mantequilla de coco
- 1 cucharadita de extracto puro de vainilla
- ¼ de taza de nueces picadas
- 10 gotas de estevia líquida
- 4 cucharadas de chispas de chocolate oscuro sin azúcar

INSTRUCCIONES:

1. Agrega leche de coco, mantequilla de coco, vainilla, nueces y estevia a una licuadora de alta velocidad o procesador de alimentos. Procesa hasta que se integren bien.
2. Agrega de forma envolvente las chispas de chocolate.
3. Vierte en moldes de paletas y congela durante 4-6 horas o hasta que estén completamente endurecidas antes de servirlas.

Instrucciones para la Preparación:

En esta receta puedes usar cualquier mantequilla de nuez de tu elección.

Sugerencias para Servir:

Baña las paletas con jarabe de chocolate sin azúcar si lo deseas.

Información Nutricional:

Carbohidratos: 11 g

Fibra: 6 g

Carbohidratos Netos: 5 g

Grasa: 30 g

Proteína: 4 g

Calorías: 311

PUDIN DE CHOCOLATE, *Menta y Almendra*

Nivel de Dificultad: 1 | 10 minutos (más el tiempo de refrigeración) | 0 minutos | 4 porciones $$

SG SL P

INGREDIENTES:

- 2 aguacates muy maduros, sin hueso y pelados
- ¼ de taza de leche entera de coco sin azúcar
- ¼ de taza de cacao puro en polvo sin azúcar
- ½ cucharadita de extracto de almendras
- ¼ de cucharadita de extracto de menta pura
- 10 gotas de estevia líquida
- ⅛ de cucharadita de sal de mar

INSTRUCCIONES:

1. Agrega todos los ingredientes a una licuadora o procesador de alimentos y mezcla hasta que quede cremoso.
2. Enfría por 30 minutos antes de disfrutarlo.
3. Una vez que esté frío, disfrútalo de inmediato.

Instrucciones para la Preparación:

Puedes usar crema espesa en lugar de la leche de coco si no estás evitando los lácteos.

Sugerencias para Servir:

Sirve con almendras picadas si lo deseas.

Información Nutricional:

Carbohidratos: 13 g
Fibra: 9 g
Carbohidratos Netos: 4 g
Grasa: 24 g
Proteína: 3 g
Calorías: 253

PARFAIT DE CREMA BATIDA DE *Fresa Casera*

INGREDIENTES:

- 1 taza de crema espesa para batir
- 1 cucharadita de extracto puro de vainilla
- 10 gotas de estevia líquida sabor vainilla
- 1 taza de fresas, cortadas a la mitad

INSTRUCCIONES:

1. Prepara la crema batida agregando la crema espesa batida a un tazón grande con el extracto de vainilla y la estevia.
2. Bate con una batidora de mano hasta que se formen picos rígidos.
3. Agrega la mitad de las fresas a la base de un frasco de vidrio o tazón grande y cubre con la mitad de la crema batida.
4. Repite estas 2 capas.
5. Divide en 4 porciones y sirve.

Instrucciones para la Preparación:

Puedes usar leche de coco entera sin azúcar para hacer la versión sin lácteos.

Sugerencias para Servir:

Sirve con hojas de menta recién picadas para agregarle sabor.

Información Nutricional:

Carbohidratos: 4 g

Fibra: 1 g

Carbohidratos Netos: 3 g

Grasa: 11 g

Proteína: 1 g

Calorías: 118

Recetas de Verano

Bombas de Grasa

BOMBAS PICANTES DE COCO

Porciones : 12
Tiempo de Preparación : 5 minutos
Tiempo de Cocción : Ninguno
Tiempo de congelación : 3 horas

CONSEJO ADICIONAL

Si el queso crema se separa durante el mezclado (esto puede ocurrir debido a la acidez de los limones), no te preocupes. De todos modos tus bombas de grasa te quedarán increíbles.

INGREDIENTES:

- 55 gramos de queso crema entero
- 14 gramos de coco rallado
- ¼ de taza de mantequilla de vacas alimentadas con pasto
- ½ taza de aceite de coco
- 2 cucharadas de crema de coco
- 2 cucharaditas de extracto de vainilla
- 2 limones
- Estevia al gusto

INSTRUCCIONES:

1. Exprime los limones y ralla la cáscara para obtener la ralladura de limón.
2. Derrite la mantequilla junto con el aceite de coco.
3. Retira del fuego y mezcla con la crema de coco y el queso crema. Mezcla bien.
4. Agrega el resto de los ingredientes (excepto el coco rallado) y mezcla bien.
5. Forma las bolitas y ruédalas en el coco rallado para que queden bien cubiertas.
6. Colócalas en moldes o en molde para magdalenas y congela.

INFORMACIÓN NUTRICIONAL (POR PORCIÓN)

Calorías: 122 Grasas: 14 g Proteínas: 1 g Carbohidratos Totales: 1 g Fibra Dietética: 0 g Carbohidratos Netos: 1 g

BOMBAS DE GRASA
DE MASCARPONE Y MOCA

Porciones : 12
Tiempo de Preparación : 10 minutos
Tiempo de Cocción : Ninguno
Tiempo de congelación : 3 horas

CONSEJO ADICIONAL
También puedes mezclarlo manualmente, pero te tomará mucho más tiempo.

INGREDIENTES:

- ½ taza de queso mascarpone
- 3 cucharadas de estevia granulada
- 2 cucharadas de mantequilla de vacas alimentadas con pasto
- 1 cucharada de aceite de coco
- 1 ½ cucharadas de cacao en polvo, divididas
- ½ cucharadita de ron (opcional)
- ¼ cucharadita de café instantáneo
- Más estevia al gusto

INSTRUCCIONES:

1. Agrega todos los ingredientes (reserva ½ cucharada de cacao en polvo) a una licuadora y pulsa hasta que la consistencia sea suave y cremosa.
2. Vierte la mezcla en moldes de silicón y espolvorea el cacao en polvo restante en la parte superior.
3. Congela y disfruta.

INFORMACIÓN NUTRICIONAL (POR PORCIÓN)
Calorías: 77   Grasas: 8 g   Proteínas: 1 g   Carbohidratos Totales: 1 g   Fibra Dietética: 0 g   Carbohidratos Netos: 1 g

Recetas de Verano

TRUFAS TROPICALES

Porciones : 12
Tiempo de Preparación : 45 minutos
Tiempo de Cocción : Ninguno
Tiempo de congelación : 2 horas

CONSEJO ADICIONAL

También puedes cubrirlas con cacao en polvo en lugar de nueces picadas.

INGREDIENTES:

- ⅔ de taza de proteína en polvo (cualquier sabor)
- ¼ de taza de leche de coco
- ¼ de taza de chispas de chocolate blanco
- 4 cucharadas de coco rallado
- 4 cucharadas de aceite de coco

PARA LA COBERTURA:

- ⅔ de taza de mantequilla de coco
- 3 cucharadas de nueces picadas
- 1 cucharadita de aceite de coco

INSTRUCCIONES:

1. Mezcla los ingredientes que no sean para la cobertura hasta que estén bien integrados y vierte la mezcla en unos moldes. Congela hasta que la base esté firme. Generalmente, esto requerirá una hora.
2. Mientras tanto, derrite la mantequilla de coco y el aceite de coco.
3. Sumerge cada trufa congelada en la mezcla y espolvoréale nueces picadas.
4. Regrésalas al congelador por otra media hora más (o guárdalas en el refrigerador) y ¡disfrútalas!

INFORMACIÓN NUTRICIONAL (POR PORCIÓN)

Calorías: 249   Grasas: 26 g   Proteínas: 5 g   Carbohidratos Totales: 2 g   Fibra Dietética: 1 g   Carbohidratos Netos: 1 g

BOLITAS CON SABOR A PIZZA DE PEPPERONI

Porciones: 12   Tiempo de preparación: 20 minutos   Tiempo de cocción: Ninguno   Tiempo de congelación: Ninguno

INGREDIENTES:

- 14 rebanadas de pepperoni de res
- 8 champiñones
- 8 aceitunas deshuesadas
- 110 gramos de queso mascarpone
- 2 cucharadas de pesto
- 2 cucharas de albahaca fresca picada
- Sal y pimienta al gusto

INSTRUCCIONES:

1. Rebana el pepperoni, las aceitunas y los champiñones en trozos pequeños.
2. Saltea los champiñones en una sartén durante 2-3 minutos, hasta que estén dorados. Luego déjalos enfriar.
3. Mezcla el queso, el pesto, la sal y la pimienta en un tazón.
4. Agrega las aceitunas, champiñones, pepperoni y albahaca.
5. Mezcla bien.
6. Forma bolitas y sírvelas. No es necesario congelarlas o cocinarlas.

CONSEJO ADICIONAL

Sé creativo y agrega tantos ingredientes como desees.

INFORMACIÓN NUTRICIONAL (POR PORCIÓN)

Calorías: 110   Grasas: 11 g   Proteínas: 2 g   Carbohidratos totales: 2 g   Fibra Dietética: 0 g   Carbohidratos netos: 2 g

Recetas de Verano

CEBOLLÍN Y QUESO

Porciones : 12
Tiempo de Preparación : 5 minutos
Tiempo de Cocción : Ninguno
Tiempo de congelación : Ninguno

CONSEJO ADICIONAL
Pon esta mezcla arriba de unos tomates cherry para crear una entrada genial

INGREDIENTES:

- 70 gramos de queso crema entero
- ¼ de taza de cebollín fresco
- Sal al gusto
- Harina de almendra

INSTRUCCIONES:

1. Pica finamente el cebollín.
2. Suaviza el queso crema y mézclalo con el cebollín y la sal. Agrega harina de almendras para ajustar la consistencia.
3. Forma bolitas y déjalas enfriar durante unos 30 minutos en el refrigerador.

INFORMACIÓN NUTRICIONAL (POR PORCIÓN)

Calorías: 38   Grasas: 3 g   Proteínas: 7 g   Carbohidratos Totales: Menos de 1 g   Fibra Dietética: 0 g
Carbohidratos Netos: Menos de 1 g

BOMBAS DE GRASA CON GELATINA

Porciones: 12   Tiempo de preparación: 10 minutos   Tiempo de cocción: Ninguno   Tiempo de congelación: 2 horas

INGREDIENTES:

- 220 gramos de queso crema entero
- 1 paquete de gelatina (de cualquier sabor y sin azúcar)
- 1 cucharadita de jugo de limón

INSTRUCCIONES:

1. Suaviza el queso crema y mézclalo con el jugo de limón.
2. Forma bolitas.
3. Ruédalas en la gelatina y métalas en el refrigerador durante toda la noche.

CONSEJO ADICIONAL
Agrega un poco de fruta picada del mismo sabor que la gelatina para obtener un toque afrutado extra.

INFORMACIÓN NUTRICIONAL (POR PORCIÓN)
Calorías: 105   Grasas: 9 g   Proteínas: 3 g   Carbohidratos Totales: 1 g   Fibra Dietética: 0 g   Carbohidratos Netos: 1 g

Recetas de Verano

BOLAS DE NUEZ CON QUESO Y FRUTOS ROJOS

Porciones : 12
Tiempo de Preparación : 10 minutos
Tiempo de Cocción : Ninguno
Tiempo de congelación : Ninguno

CONSEJO ADICIONAL
Rocíalas con un poco de aceite de oliva para obtener un sabor más suave.

INGREDIENTES:

- 170 gramos de queso de cabra
- ⅔ de taza de arándanos deshidratados
- ¼ de taza de nueces pecanas picadas
- 2 cucharas de perejil picado
- Sal al gusto

INSTRUCCIONES:

1. Pica los arándanos en trozos pequeños.
2. Suaviza el queso y mezcla todos los ingredientes.
3. Forma bolitas y déjalas enfriar durante unos 45 minutos
4. ¡Sirve y disfruta!

INFORMACIÓN NUTRICIONAL (POR PORCIÓN)

Calorías: 125   Grasas: 10 g   Proteínas: 7 g   Carbohidratos Totales: 3 g   Fibra Dietética: 1 g   Carbohidratos Netos: 2 g

MINI TARTAS DE QUESO CON FRESAS

Porciones: 12   Tiempo de preparación: 10 minutos   Tiempo de cocción: Ninguno   Tiempo de congelación: 2-3 horas

INGREDIENTES:

- 1 taza de mantequilla de coco
- 1 taza de aceite de coco
- ½ taza de fresas rebanadas
- 2 cucharadas de queso crema entero
- ½ cucharadita de jugo de limón
- Estevia al gusto

INSTRUCCIONES:

1. Agrega las fresas a un procesador de alimentos y hazlas puré.
2. Suaviza el queso crema y la mantequilla de coco.
3. Mezcla todos los ingredientes.
4. Agrega a los moldes de silicón y congela durante aproximadamente 2 horas. Mantenlas guardadas en el refrigerador.

CONSEJO ADICIONAL
Usa frambuesas o moras azules en lugar de fresas.

INFORMACIÓN NUTRICIONAL (POR PORCIÓN)

Calorías: 372   Grasas: 41 g   Proteínas: 1 g   Carbohidratos Totales: 3 g   Fibra Dietética: 1 g   Carbohidratos Netos: 2 g

Recetas de Verano

BOMBAS DE GRASA DE HELADO

Porciones: 12   Tiempo de preparación: 10 minutos   Tiempo de cocción: Ninguno   Tiempo de congelación: 2 horas

INGREDIENTES:

- 3 tazas de proteína en polvo de tu
- sabor de helado favorito
- 1 taza de mantequilla de anacardo (marañón, nuez de la india)
- 1 taza de crema batida
- Estevia al gusto

INSTRUCCIONES:

1. Pon la crema batida en un tazón y mezcla suavemente y de forma envolvente la proteína en polvo, estevia y mantequilla de anacardo.
2. Vierte la mezcla en moldes de silicón y congélala.
3. Disfruta este postre helado.

CONSEJO ADICIONAL
Cubre con algunas bayas picadas o jarabe sin azúcar

INFORMACIÓN NUTRICIONAL (POR PORCIÓN)

Calorías: 250   Grasas: 19 g   Proteínas: 11 g   Carbohidratos Totales: 10 g   Fibra Dietética: 2 g
Carbohidratos Netos: 8 g

Compilación de Postres Cetogénicos Fáciles

BOMBAS DE MORA AZUL

Porciones : 12
Tiempo de Preparación : 15 minutos
Tiempo de Cocción : Ninguno
Tiempo de congelación : 3 - 4 horas

CONSEJO ADICIONAL

Las bayas no tienen que ser azules, en su lugar prueba con tus bayas favoritas.

INGREDIENTES:

- 2 cucharadas de mantequilla de almendras
- 1 cucharada de aceite de coco
- 1 cucharada de cacao en polvo
- ¼ de cucharadita de canela molida
- Estevia al gusto
- Una pizca de sal

PARA LA COBERTURA:

- ¼ de taza de mantequilla de vacas alimentadas con pasto
- ¼ de taza de queso crema
- ¼ de taza de puré de moras azules
- 1 cucharada de crema espesa para batir
- 1 cucharadita de extracto de vainilla

INSTRUCCIONES:

1. Combina los ingredientes que no son los de la cobertura en un tazón hasta que obtengas una mezcla uniforme.
2. Unta esta mezcla en una bandeja para hornear forrada con papel pergamino. Congela hasta que estén firmes.
3. Mientras tanto, agrega los ingredientes de la cobertura a una licuadora y bátelos muy bien.
4. Retira la base del congelador y córtala en cuadrados. Unta la cobertura en cada cuadrado y regrésalas al congelador.

INFORMACIÓN NUTRICIONAL (POR PORCIÓN)

Calorías: 77   Grasas: 8 g   Proteínas: 1 g   Carbohidratos Totales: 1 g   Fibra Dietética: 0 g   Carbohidratos Netos: 1 g

BOMBAS PICANTES DE LIMÓN

Porciones : 12
Tiempo de Preparación : 5 minutos
Tiempo de Cocción : Ninguno
Tiempo de congelación : 2 horas

CONSEJO ADICIONAL

También puedes insertarlos en palitos para que parezcan paletas. Todo lo que tienes que hacer es insertar un palito de madera en cada molde.

INGREDIENTES:

- 110 gramos de queso crema
- ¼ de taza de mantequilla de vacas alimentadas con pasto
- ¼ de taza de aceite de coco
- 3-4 limones
- Estevia al gusto
- Colorante alimenticio amarillo (opcional)

INSTRUCCIONES:

1. Exprime los limones y ralla la cáscara para obtener la ralladura de limón.
2. Agrega todos los ingredientes a un procesador de alimentos y mezcla bien.
3. Vierte en moldes y congela hasta que cuaje.

INFORMACIÓN NUTRICIONAL (POR PORCIÓN)

Calorías: 75   Grasas: 8 g   Proteínas: 2 g   Carbohidratos Totales: 1 g   Fibra Dietética: 0 g   Carbohidratos Netos: 1 g

DIMINUTAS EXPLOSIONES PICANTES

Porciones: 12   Tiempo de preparación: 25 minutos   Tiempo de cocción: Ninguno   Tiempo de congelación: Ninguno

INGREDIENTES:

- 340 gramos de queso crema
- 3 chiles jalapeños
- 12 rebanadas de tocino
- 1 ½ cucharaditas de perejil seco
- ¾ de cucharadita de ajo en polvo
- ¾ de cucharadita de cebolla en polvo
- ¼ de cucharadita de sal kosher
- Pimienta al gusto

INSTRUCCIONES:

1. Fríe el tocino hasta que esté crujiente y pícalo en trozos pequeños.
2. Rebana finamente los chiles jalapeños.
3. Suaviza el queso crema y combina todos los ingredientes (incluyendo el tocino y los jalapeños).
4. Forma bolitas y enfríalas durante unos 30 minutos.
5. Sírvelos con el aderezo de tu elección.

CONSEJO ADICIONAL

No desperdicies la grasa del tocino. También añádela a la mezcla.

INFORMACIÓN NUTRICIONAL (POR PORCIÓN)

Calorías: 207   Grasas: 19 g   Proteínas: 5 g   Carbohidratos Totales: 2 g   Fibra Dietética: 1 g   Carbohidratos Netos: 1 g

BOMBAS DE GRASA DE QUESO CON AJO

Porciones : 12
Tiempo de Preparación : 7-10 minutos
Tiempo de Cocción : Ninguno
Tiempo de congelación : Ninguno

CONSEJO ADICIONAL

Si lo deseas, también puedes agregar algunas verduras picadas.

INGREDIENTES:

- 4 tazas de queso mozzarella rallado
- 1 taza de migajas cetogénicas
- 4 cucharadas de mantequilla de vacas alimentadas con pasto
- 2 cucharaditas de pasta de ajo
- 2 cucharaditas de pasta de cilantro
- Sal al gusto

INSTRUCCIONES:

1. Mezcla todos los ingredientes. La consistencia será parecida a la de la masa.
2. Usando tus manos, haz pequeñas formas irregulares. Te resultará un poco difícil formar las bolas.
3. Pásalas por las migajas cetogénicas y colócalas sobre papel pergamino.
4. Refrigera hasta que estén firmes (aproximadamente 1-2 horas).
5. Sírvelos con el aderezo de tu elección.

INFORMACIÓN NUTRICIONAL (POR PORCIÓN)

Calorías: 141   Grasas: 11 g   Proteínas: 9 g   Carbohidratos Totales: 1 g   Fibra Dietética: 0 g   Carbohidratos Netos: 1 g

Derechos de Autor 2020 por Elizabeth Jane - Todos los derechos reservados.

ISBN 978-1-953607-08-9

Para permisos contactar a:
elizabeth@ketojane.com o visita http://ketojane.com/

Este documento está orientado a proporcionar información exacta y confiable con respecto al tema y asunto cubierto. La publicación se vende con la idea de que el editor no está obligado a prestar asesoramiento profesional, autorizado oficialmente o de otro modo, prestar servicios calificados. Si se requiere asesoría, legal o profesional, se debe buscar a una persona con experiencia en la profesión.

A partir de una Declaración de Principios que fue aceptada y aprobada igualmente por un Comité de la Asociación Americana de Abogados y un Comité de Editores y Asociaciones.

De ninguna manera es legal reproducir, duplicar o transmitir cualquier parte de este documento, ya sea por medios electrónicos o en formato impreso. Está estrictamente prohibida la grabación de esta publicación, así mismo, no está permitido cualquier tipo de almacenamiento de este documento, a menos que posea un permiso por escrito del editor. Todos los derechos reservados.

Se declara que la información proporcionada en este documento es veraz y coherente, en el sentido de que cualquier responsabilidad, en términos de falta de atención o de otro tipo, por el uso o abuso de cualquier política, procesos o indicaciones contenidos en este documento es responsabilidad única y absoluta del lector receptor. Bajo ninguna circunstancia se hará responsable o culpable legalmente al editor por cualquier reparación, daño o pérdida monetaria debida a la información aquí contenida, ya sea directa o indirectamente.

La información aquí contenida se ofrece únicamente con fines informativos, como tal, es universal. La presentación de la información se realiza sin contrato y sin ningún tipo de garantía.

La autora no es una profesional con licencia, ni médico ni profesional médico, y no ofrece tratamientos médicos, diagnósticos, sugerencias o asesorías. La información presentada en este documento no ha sido evaluada por la Administración de Drogas y Alimentos de los EE. UU. (FDA, por sus siglas en inglés), y no tiene la intención de diagnosticar, tratar, curar o prevenir ninguna enfermedad. Se debe obtener la autorización médica completa por parte de médico con licencia, antes de comenzar o modificar cualquier programa de dieta, ejercicio o estilo de vida, y se debe informar a los médicos de todos los cambios nutricionales.

La autora no asume ninguna responsabilidad ante ninguna persona o entidad por cualquier responsabilidad, pérdida o daño causado o presuntamente causado directa o indirectamente como resultado del uso, aplicación o interpretación de la información presentada en este documento.

www.ingramcontent.com/pod-product-compliance
Lightning Source LLC
Chambersburg PA
CBHW061120070526
44583CB00028B/3348